Alexandra von Gutthenbach-Lindau

Das verflixte Corona-Jahr

Als Reiseleiterin zwischen Hoffnung und
Verzweiflung – ein Tagebuch

Bibliografische Information der Deutschen Nationalbibliothek:
Die Deutsche Nationalbibliothek verzeichnet diese Publikation in
der Deutschen Nationalbibliografie; detaillierte bibliografische
Daten sind im Internet über http://dnb.dnb.de abrufbar.

© 2020 Alexandra von Gutthenbach-Lindau

Herausgeber: Insidenorway

Herstellung und Verlag: BoD – Books on Demand, Norderstedt

ISBN: 978-3-7526-4549-1

Inhalt

Meiner Mutter gewidmet,

die mich stets in allem unterstützt hat

Meinem Vater gewidmet,

der aus dem Himmel schützend die Hand über mich hält

Die Silvester-Tour -

Auftakt zu einem ungewöhnlichen Jahr

MS Kong Harald, 31. Dezember 2019, Silvester

Ungewöhnlich, dass ich ein Tagebuch mitten in einer Tour beginne. Aber der Jahreswechsel 2019 auf 2020 markiert einen so ganz anderen Auftakt, als wir alle erwartet haben.

Bereits am Morgen hat die Crew das ganze Schiff festlich geschmückt. Überall hängen Luftschlangen und fröhliche Girlanden mit den Zahlen des neuen Jahres. Vor dem Restaurant ist bereits das Getränkeaufgebot für den Abend aufgebaut. Wer will, kann Champagner vorbestellen, unsere Stimmung ist ausgelassen, wir plaudern hier und da über das bevorstehende Silvestermenü am Abend. Wir befinden uns an Tag drei der Tour in Trondheim, der Winter hat alles fest im Griff, also packen mein Kollege und ich uns nach dem Frühstück dick ein und gehen auf einen Sprung in die Stadt. Ordentlich kalt ist es und wir gönnen uns in einem der kleinen Cafés im Stadtteil Bakklandet eine große Tasse wärmenden Kaffee. In Trondheim herrscht festliche Stimmung, die Weihnachtsdekoration ziert noch die Stadt. Gemütlich. Auch einige Gäste unserer Gruppe haben sich im Café zu uns gesellt und wir plaudern über die

Reise, die bevorstehenden Tage im Winterwonderland und die Frage, ob wir wohl Nordlicht sehen werden.

Am Nachmittag zittern wir uns am Leuchtturm Kjeungsjær vorbei, der Wind bläst ordentlich und treibt uns die Tränen in die Augen. Im Moment halten sich auch die Gäste bevorzugt drinnen auf, die wenigsten haben damit gerechnet, dass es so extrem kalt ist. Natürlich ist sich jeder bewusst, in welcher Jahreszeit man unterwegs ist, aber wenn der eisige Fahrtwind hinzukommt, zeigt sich dann doch, wer wirklich winterfest ist.

Unser Jahreswechselaufenthalt findet dieses Jahr in Rørvik statt. Das erste Mal, dass ich in dem kleinen Örtchen das neue Jahr begrüße. Mit uns am Kai wird die MS Nordkapp liegen, für uns geradezu ein Highlight, da sich seit dem Fahrplanwechsel im Juni 2019 nicht mehr zwei Schiffe zeitgleich im Hafen befinden. Die gegenseitigen Besuche, die wir bis dahin so geschätzt haben, sind Geschichte. Aber nicht heute. Als wir in Rørvik anlegen, hat die Nordkapp bereits festgemacht. Knapp zweieinhalb Stunden haben wir hier nun Gelegenheit eine Runde durch Rørvik zu gehen oder eben unser Nebenschiff zu besuchen. Ich wähle zusammen mit meinem Kollegen letzteres, auch in der Hoffnung, dass dort mehr Feierstimmung zu finden ist. Ein wirkliches Partyprogramm findet man zu Silvester auf den Schiffen ja nicht, aber oft denken sich die Expeditionsteams Programmpunkte aus, um den Gästen die Zeit zwischen

Festdinner und Mitternacht zu verkürzen. Auf der Kong Harald ist das dieses Jahr nicht der Fall und alle warten ein wenig verloren, dass nun bald das Feuerwerk starten möge. Auf der Nordkapp neben uns ist das anders. Hier wurden die Gäste in den letzten Tagen animiert, aus allerhand Bastelmaterialien Hüte zu kreieren, die heute an Silvester in einer Modenschau präsentiert und anschließend prämiert werden. Hier herrscht ausgelassene Stimmung und das Multecafé auf Deck sieben bebt vor Musik. Alle Stühle sind bis auf den letzten Platz besetzt, die Gäste klatschen zur Musik und bejubeln die ausgefallenen Hutmodelle. Euphorische Stimmung.

Eine halbe Stunde vor Mitternacht gehen wir zurück auf unser Schiff und versammeln uns langsam draußen, um gemeinsam auf das neue Jahr um Mitternacht anzustoßen. Mittlerweile hat es kräftig zu regnen begonnen, entsprechend drängeln sich alle unter den überdachten Flächen bis das Feuerwerk beginnt. Ein paar Sekunden vor Mitternacht zählen wir von zehn herunter, Schlag null Uhr hornen nicht nur die Hurtigrutenschiffe, sondern auch alle anderen, die hier festgemacht haben. Im strömenden Regen stehen wir alle an der Reling und schauen auf das grandiose Feuerwerk, Raketen schießen nicht enden wollend in den Himmel und explodieren als tanzende Lichter hoch über uns. Wir stoßen an. Frohes Neues. Willkommen 2020.

Dass die Bedrohung zu diesem Zeitpunkt bereits über uns schwebt, wissen wir noch nicht. Dass dieses Jahr völlig anders verlaufen wird als geplant, wird in wenigen Wochen traurige Gewissheit.

MS Kong Harald, 01. Januar 2020

Wir sind in der Polarnacht angekommen. Kein Tageslicht mehr ab heute, denn gegen 7:30 Uhr überschreiten wir den Polarkreis. Für uns bedeutet das den ewigen Kampf mit der Müdigkeit wieder aufzunehmen. Dem Körper fehlt eben das Sonnenlicht. Gleichzeitig beunruhigt uns der Wetterbericht. Im Winterhalbjahr muss man ja immer mal mit Stürmen rechnen, aber das, was im Moment in punkto Windgeschwindigkeiten an der norwegischen Küste unterwegs ist, kann man den Gästen kaum noch schmackhaft machen. Zudem rollen ständig neue Stürme auf die Küste zu, kaum dass der Sturm davor abgeklungen ist. Unsere offene Seestrecke ist heute der Vestfjord, die Vorhersage nennt die Windstärke zehn mit ungünstiger Windrichtung. Starker Wind muss nicht zwangsläufig bedeuten, dass es ordentlich schaukelt, vielmehr ist entscheidend, ob der Wind uns von hinten schiebt oder uns mit einer Mischung von vorne und von der Seite entgegen bläst, denn das ist meist Spuckwetter. Gut, heute soll es also Spuckwetter sein.

Es dauert auch nicht lange nach der Abfahrt von Bodø, bis die Brücke entsprechend durchsagt, dass es ungemütlich werden kann. Wir warten. Viele Gäste verabschieden sich in ihre Kabinen und es schaukelt auch wirklich heftig, kurz nachdem wir uns auf den Vestfjord hinaus wagen. Ordentliche Schieflage. Nichts bleibt mehr auf den Tischen. Wir wechseln uns ab zwischen stampfen und rollen, sind Spielball der offenen See. Die Gäste, die sich noch in den öffentlichen Bereichen aufhalten, werfen sich zuweilen ängstliche Blicke zu. Sämtliche Drehstühle auf Deck vier tanzen den Geistertanz und drehen sich im Takt der Wellen. Die Gischt spritzt ordentlich und selbst auf Deck sieben bekommt man davon noch einiges ab. Keine Option mehr nach draußen zu gehen, die Aussendecks sind abgeriegelt. Im Nachhinein könnte man fast meinen, dass auch das Wetter am ersten Tag des Jahres bereits dessen Charakter skizziert. Stürmische Zeiten kommen auf uns zu.

Zum Dinner hat sich der Sturm immer noch nicht beruhigt und viele Gäste verzichten auf das Abendessen. Mein Kollege und ich gründen an diesem Abend einen Cracker-Rundbring-Service, klopfen an die Kabinentüren, finden tröstende Worte für die Seekranken. In Stamsund klappt es gerade so mit dem Anlegen und manch einer atmet aufgrund der Schaukelpause auf. Die dauert aber nur kurz, denn zügig machen wir uns auf den Weg weiter nach Svolvær. Also wieder raus auf den Vestfjord. Bis zum Hauptort der Lofoten wird der Seegang deutlich weniger, aber keiner unserer Gruppe lässt sich an diesem Abend nochmal außerhalb seiner Kabine blicken.

MS Kong Harald, 02. Januar 2020

Das Wetter bleibt unverändert schlecht, aber wenigstens erwartet uns die offene Seestrecke heute erst am späten Abend, so dass sie den Tag nicht allzu sehr beeinträchtigt. Wir sind im Winterwonderland, allerdings nach dem Prinzip „Fifty Shades of Grey". Der Himmel ist zugezogen, Dämmerung gibt es so gut wie nicht und damit bleibt uns auch das magische Licht der Arktis in der Polarnacht verwehrt. Keine wirkliche Option sich draußen aufzuhalten. Mein Kollege und ich machen es sich am Morgen an unserem Sprechstundenplatz gemütlich und wie jeden Tag dauert es nicht lange, bis Gäste unserer Gruppe mit Fragen Schlange stehen. Das ist ein ungewöhnlicher Zustand für eine Silvesterreise, da wir bei dieser Tour kein Vorprogramm haben und der Kontakt mit den Gästen schwerer Zustande kommt. Das ist diesmal vollkommen anders. Unsere Truppe ist extrem kommunikationsfreudig, das macht natürlich auch uns Reiseleitern richtig Spaß. Wir plaudern über kommende Ausflüge, wiederum über das Nordlicht, wie man es fotografiert, über den Sturm gestern und manch einer kommt auch einfach nur vorbei um mit uns einen Kaffee zu schlürfen.

In Tromsø am Nachmittag starten die Ausflugteilnehmer begierig zu ihrer Hundeschlittentour, einer der meist begehrten Ausflüge. Ich spare mir allerdings einen Rundgang durch Tromsø, da mir heute Morgen unerwartet eine Sonderaufgabe zugeteilt wurde. Während der Reise findet ja immer die ein oder andere Veranstaltung statt, zum Beispiel die „Ladys Night". Man kann nicht von der Hand weisen, dass es ein Event ist, um den Verkauf im Shop anzukurbeln. Allerdings werden eben auch Hintergründe der Shop-Brands erläutert, wie sie hergestellt werden und welche Idee hinter jeder Brand steckt. Schon am Morgen hat die Shopmanagerin mich gebeten, doch den deutschsprachigen Teil des Events zu moderieren und hat mir die Moderationstexte an die Hand gegeben. Die Fakten einigermaßen im Kopf zu behalten, ist meine hübsche kleine Tagesaufgabe und ich finde das Ganze tatsächlich spannender, als ich mir vorgestellt habe. Auch ich wusste bis zu diesem Zeitpunkt nicht, was sich an unternehmerischen Ideen hinter Dale, Oleana und Hasla verbirgt und bin überrascht, welche Gründungsmotivation die Hersteller hatten.

Da wir uns seit heute im sogenannten Nordlichtoval befinden, gieren wir am Abend natürlich darauf, das erste Nordlicht zu sehen. Den ganzen Nachmittag schon haben wir mit entsprechenden Apps die Wolkenvorhersage gecheckt. Die Wahrscheinlichkeit, dass der Himmel einigermaßen klar ist, wechselt halbstündig. Ebenso springen die Werte des

Sonnenwinds lustig hin und her. Um Nordlicht zu sehen brauchen wir nicht nur wenigstens geringe Bewölkung, sondern der Sonnenwind muss mit ordentlich Geschwindigkeit, Dichte und einer negativen Polarität punkten. All das befindet sich heute in einem lustigen Wechselspiel mit einem Himmel zwischen klar und zugezogen. Alles ist drin. Vorsichtshalber setze ich die Kamera schon mal in Alarmbereitschaft. Da man im Winter bereits lange genug mit dem Anziehen verbringt, muss man die Zeit, bis man an Deck bereit steht, ja nicht noch damit verlängern, was schon im Vorfeld erledigt werden kann. Bis 22 Uhr tut sich nichts. Immer wieder geben wir die Nordlicht-Scouts. Raus auf Deck sieben und in den Himmel schauen.

Auf einmal tut sich was. Ein zarter Schleier zeigt sich am Himmel. Nordlicht oder nur eine Wolke? Unser Auge ist da ja nicht unser zuverlässigster Partner. Also schnell ein Foto machen. Zeigt die Kamera grün? Ja, es ist Nordlicht. Noch ist es zart, aber die Erfahrung zeigt, dass es oft ein wenig braucht, bis es sich ordentlich aufgebaut hat. Nachdem nun auch die Brücke eine Durchsage gemacht hat, füllt sich mehr und mehr das Aussendeck. Und tatsächlich: das Nordlicht lässt uns nicht hängen. Stärker und stärker wird es und bald tanzt es über unseren Köpfen. Im Moment ist die Sonne ja eher zurückhaltend damit, ihren Wind ins Weltall zu spucken und unseren Planeten mit elektronisch geladenen Teilchen zu beschießen. Wir befinden uns im Sonnenminimum und die Aktivität unseres

Sterns ist mehr von der Sorte Couchpotato, deshalb fällt Nordlicht im Vergleich zu vor fünf Jahren im Moment in punkto Stärke eher spärlicher aus. Doch auch ein vergleichsweise spärliches Nordlicht reicht, um vollkommen fasziniert an Deck zu stehen, in den Himmel zu starren und zu fühlen, wie die Glückshormone durch den Körper fließen. Bis weit nach Mitternacht stehen wir draußen, dann ist die Show vorbei und wir fallen selig in unsere Betten.

MS Kong Harald, 03. Januar

Tag sechs ist angebrochen und was sollte ich heute anderes tun als meine Gäste zum Nordkapp zu begleiten. Dass der Ausflug stattfindet, ist in den Wintermonaten nicht selbstverständlich. Immer wieder mal macht das Wetter einen Strich durch die Rechnung. Heute nicht. Im Gegenteil. Der Wettergott hält allerfeinstes arktisches Licht für uns bereit. In der Dämmerung machen wir uns auf den Weg quer über die Insel Magerøya, der Himmel strahlt in Gold-, Rot- und Lilatönen. Dazu gesellen sich Wolken, die die unter dem Horizont stehende Sonne gleich mit einfärbt. Das ist es, das berühmte magische Licht, das eine ganz besondere Aura hat, das vom Sonnenstand rein physikalisch vergleichbar mit der Stunde vor dem Sonnenaufgang und der Stunde nach dem Sonnenuntergang in mitteleuropäischen Breiten ist und das trotzdem so ganz anders und besonders ist.

Ein Licht, bei dem alles zusammenspielt: das Wissen, auf welcher geographischen Breite man sich befindet, die Kälte, das, was unser Auge in unserem Kopf abbildet, die Weite der Natur. Nur alles im Zusammenhang macht diese Magie des arktischen Augenblicks aus.

Am Nordkapp angekommen, stehen wir alle geradezu andächtig am Globus und saugen diese Magie in uns auf. Der eiskalte Wind lässt uns kaum atmen, aber auch er gehört zu diesem Gesamterlebnis dazu. Nach einer halben Stunde müssen wir uns allerdings in der Nordkapphalle zu einer kurzen Aufwärmpause versammeln. Auch durch die dickste Kleidung pfeift dieser Wind durch. Kurz durchatmen und erneut wieder hinaus in die erbarmungslose Kälte. Während der Polarnacht muss man die wenigen Stunden der Dämmerung nutzen, vor allem, wenn Licht und Wolken eine solche Vorstellung geben wie heute. Um 13 Uhr ist Schluss. Die Sonne ist jetzt wieder so weit unter den Horizont gerutscht, dass die Dämmerung der stockfinsteren Nacht weicht. Und wir sind endgültig durchgefroren. Auf der Rückfahrt zum Schiff kuscheln wir uns im Bus in unsere Sitze.

Nach Ablegen in Honningsvåg fahren wir hinaus auf die Barentssee. Ein neuer Sturm rollt auf die Küste zu, wir Glückspilze. Auch heute dürfen wir mit Windstärke zehn kämpfen und viele Gäste erinnern sich schlagartig an ihre Schaukelerfahrung mit dem Vestfjord. Und heute Abend winkt das Nordkapp-Buffet. Werden viele zum Essen kommen und werden wir alle unsere Teller heil an den Tisch bringen? Es wird dann tatsächlich nicht so schlimm wie erwartet, denn der Wind schiebt uns. Ein Segen. Manchen Gästen steht trotzdem die Angst im Gesicht, viele haben ja nur mäßige Erfahrung mit Seegang und wissen auch nicht, was Schiffe aushalten können. Also müssen wir den ein oder anderen beruhigen, dass man sich auf dem Schiff auch bei starkem Seegang durchaus sicher fühlen kann.

Vor Mitternacht lässt der Sturm endlich nach und kaum hat er die Wolken weggeweht, gibt es Nordlichtalarm. Wo ich mich gerade darauf eingestellt hatte, für heute Feierabend zu machen. Manchmal glaube ich, Nordlicht kann riechen, dass man sich gerade ausgezogen hat. Natürlich ziehe ich alles wieder an, in der Hoffnung, dass es noch am Himmel tanzt, wenn ich fertig damit bin, mich in tausend Schichten zu hüllen. Ich habe Glück. Nicht nur, dass Miss Aurora heute gewillt ist, eine längere Vorstellung zu geben, sondern dass auch noch die Corona über unserem Schiff steht. In ein paar Wochen wird dieses Wort einen bitteren Beigeschmack haben, auch wenn es in punkto Nordlicht etwas völlig anderes meint. Denn wer die Nordlichtcorona sieht, befindet sich direkt im Zenit der Feldlinien, an denen sich die elektrisch geladenen Teilchen der Sonne entlang hangeln und durch ihr Auftreffen auf die Atmosphäre zum Leuchten angeregt werden. Um die Corona zu sehen, muss man Glück haben und wir haben heute zu den Glücklichen gezählt.

MS Kong Harald, 04. Januar 2020

Und wieder ist er da, der Wendetag. Wir sind in Kirkenes. Mein Kollege darf heute Schneemobil fahren. Ich vertrete mir nur kurz vor dem Schiff die Beine. Es ist ungewöhnlich warm in Kirkenes. Im Winter fällt das Thermometer ja doch ab und zu gerne auf minus dreißig Grad, aber im Moment ist hier mit zwölf Grad plus geradezu Hochsommer. Verrückte Wetterwelt. Und auch der nächste Sturm wartet bereits auf uns. Auch heute gibt es eine Durchsage, dass wir Schaukelfreuden entgegen sehen. Allerdings glauben wir zu diesem Zeitpunkt noch, dass es zwar schlimmer werden wird als gestern, jedoch auszuhalten. Wir täuschen uns gewaltig. Bereits als wir kurz hinter Kirkenes sind, also noch im Varangerfjord, eben noch nicht mal auf der Barentssee, werden wir ganz gut durchgerüttelt. Schon jetzt suchen sich die meisten zügig einen Platz und manch einer versucht zu selbigem seine Tasse Kaffee irgendwie zu balancieren. Überall im Schiff sichert die Crew, was man sichern kann. Das ist immer ein Zeichen, dass deutlicher Seegang zu erwarten ist. Vor Vardø wird der Sturm so heftig, dass es kaum noch möglich ist, sich auf den Beinen zu halten. Unser Schiff stampft sich durch das Wasser, zwischenzeitlich hat man das Gefühl, man fährt Achterbahn.

Auch wenn ich sehr seefest bin, kann ich durchaus auf diese extremen Schaukeleien verzichten. Auf einmal wird es ruhiger. Legen wir in Vardø an? Wir können es uns kaum vorstellen. Wir checken unsere Position auf Marine Traffic. Schleichfahrt. Wir nutzen aus, dass Vardø auf einer Insel liegt und verschaffen uns eine kurze Atempause, indem wir uns zwischen Insel und Festland bewegen. Welch Wohltat. Im Schiff ist es leer geworden, denn viele haben sich auf ihre Kabine zurückgezogen und warten im Bett liegend auf Wetterberuhigung. Diesen Gefallen tut uns die Barentssee nicht. Kaum ist unsere Position wieder ungeschützt, schüttelt uns die See erneut kräftig durch. In dieser Stärke habe auch ich das lange nicht erlebt. Die Brücke informiert uns, dass es besser sei, wenn alle sich auf ihre Kabinen zurückziehen, das tun auch wir Reiseleiter jetzt. Aber selbst im Bett hat man Schwierigkeiten, sich überhaupt in einer Position zu halten. Zu allem Überfluss kommt der Wind aus einer ungünstigen Richtung für uns. Wo wir gestern noch geschoben wurden, weht uns der Sturm heute mit voller Wucht entgegen.

Kurz vor 18 Uhr gibt es eine erneute Durchsage. Das Abendessen entfällt, zumindest die ersten Sitzungen. Es ist unmöglich zu servieren. Auch daran lässt sich die Stärke des Seegangs ablesen, da ich den Service zuweilen bewundere, wie er scheinbar mühelos auch bei heftigem Schaukeln das Essen sicher an den Tisch bringt. Dass das Abendessen entfällt, ist auch für mich eine neue Erfahrung. Gelegentlich habe ich das schon von Kollegen gehört, aber auf meinen bisherigen Touren war dann doch immer irgendwie möglich, das Dinner stattfinden zu lassen. Heute versucht die Crew wenigstens in einer offenen Sitzung um 20 Uhr Nahrung bereit zu stellen. Wenn wir Båtsfjord erreichen, lässt uns die Barentssee immerhin eine halbstündige Schaukelpause. Ich bin gespannt, wie viele den Weg ins Restaurant finden werden. Und mein Magen könnte auch langsam etwas vertragen. Während viele meiner Kollegen der Nahrungsaufnahme bei mehr als Windstärke zehn nicht mehr so zugetan sind, hat mich in sechs Jahren als Reiseleiterin noch kein Seegang vom Essen abgehalten.

Um 20 Uhr finden wir uns im Restaurant ein. Welch eine Wohltat beim Laufen wieder eigenmächtig die Richtung zu bestimmen. Erstaunlich viele von unserer Gruppe haben es uns Reiseleitern gleich getan und freuen sich auf das abendliche Menü, auch wenn es heute besonders zügig serviert wird, damit das Dessert im Magen ist, bevor wir uns erneuten Schaukelfreuden zuwenden. Erst morgen früh um 5 Uhr, wenn wir Honningsvåg erreichen, werden wir wieder in geschützten Gewässern unterwegs sein.

Kaum haben wir Båtsfjord verlassen, geht es auch schon wieder los mit der Schaukelei, noch heftiger als zuvor. Mehrmals erfolgen Durchsagen, dass man sich sicher fühlen kann und unser Schiff das aushält. Es knarrt und ächzt überall. Unheimlich. Es ist nicht daran zu denken in den Schlaf zu finden, die gesamte Nacht treiben wir ungewollt Bettsport. Festkrallen, stabilisieren, zur Toilette hangeln. Mehr als dösen ist bis kurz vor fünf nicht drin.

MS Kong Harald, 05. Januar 2020

Rrrrrrrrrrrrring. Noch nie hab ich den Wecker so verflucht. Heute müssen sich wohl alle nach gefühlten fünf Minuten Schlaf aus dem Bett quälen. Kaffee in Mengen ist heute bei den meisten das Maß aller Dinge. Da kommt uns der Energie-Kaffee vor Hammerfest gerade recht. Das darin enthaltene Chilli weckt unsere Lebensgeister wieder. Im Nu ist die bereitgestellte Menge vertilgt, fast jeder lässt seinen Becher zweimal nachfüllen, so dass aus der Küche bald Nachschub angefordert werden muss.

Weil heute Sonntag ist, ist es in Hammerfest wie ausgestorben. Die Norweger sind wohl noch im Weihnachtsferien-Modus. Wir stapfen mit einigen Gästen durch den Schnee zur Kirche, die für uns heute zumindest als Besichtigungsobjekt tabu ist, da ein Gottesdienst stattfindet. Wir sehen uns stattdessen auf dem gegenüberliegenden Friedhof um und begutachten die Kapelle, das einzige Gebäude, das die deutschen Besatzer im zweiten Weltkrieg haben stehen lassen, als der Rückzug angeordnet wurde. Der Rest der Stadt wurde niedergebrannt. Bedrückend, was unsere Nation da einst angerichtet hat. Umso erstaunlicher, dass die Norweger inzwischen wieder ein normalisiertes Verhältnis zu uns Deutschen haben, auch wenn es verständlicherweise lange gedauert hat.

Am Nachmittag erarbeiten wir uns auf der offenen Seestrecke Loppa ein Sturmzertifikat. Nicht, dass ich die Dinger mit Leidenschaft sammle, aber wenn Windstärke und Wellenhöhe ein gewisses Maß überschreiten, darf man diese hübsche Papiertrophäe mit nach Hause nehmen. Täglich hören wir, dass das ein oder andere Schiff der Hurtigrutenflotte wieder mal in einem der Häfen ein längeres Päuschen einlegt, wenn die Wettervorhersage sich in Sphären aufschwingt, die die Weiterfahrt zu gefährlich machen. Die meisten Gäste unserer Gruppe nehmen die Dauerschaukelei mittlerweile mit Humor, aber manch einer, der den Großteil der Tour in liegendem Zustand mit Spuckbeutel verbringt, fühlt sich mehr als genervt. Verständlich.

MS Kong Harald, 06. Januar 2020

Was uns Sorgen macht, ist die Wettervorhersage für die kommenden Tage. In der Regel vermeide ich ja in punkto Wetter allzu weit in die Zukunft zu schauen, denn erfahrungsgemäß können sich gerade im Winter die Prognosen stündlich verändern. Doch die Stürme reißen nicht ab. Schon wieder muss sich die Westküste auf einen Orkan vorbereiten. Wir hoffen im Stillen, dass die Vorhersage sich noch zu unseren Gunsten entwickeln wird. Nicht nur wir auf dem Schiff sind die nicht enden wollenden Stürme leid, sondern auch die Landbevölkerung will nicht länger Mülltonnen festbinden und auch sonst alles festzurren, was sich ab Windstärke zehn am nächsten morgen irgendwo anders befindet, als vorgesehen. Wir hoffen, dass es in den nächsten Tagen endlich besser wird.

Die zauberhafte Landschaft genießen wir heute so gut es geht, die noch andauernde Polarnacht ist kein hilfreicher Partner dabei, zumal es außerdem kräftig schneit. Zuweilen muss man sich bemühen überhaupt wahrzunehmen, wo der Fjord endet und die Uferlandschaft beginnt. Unsere Laune kann das nicht schmälern und nachdem wir in Stokmarknes abgelegt haben, schmeißt unser Hoteldirektor eine Runde Waffeln für das ganze Schiff. Wenn es draußen kalt ist, braucht der Magen etwas Süßes.

MS Kong Harald, 07. Januar 2020

Zurück am Polarkreis und damit ist endlich wieder die Sonne da. Zumindest klettert sie wieder über den Horizont. Sehen können wir sie trotzdem nicht, da die Wolkendecke weiter konsequent dicht hält. Zeit, ein wenig Stimmung an Deck zu machen. Da kommt die Lebertran-Zeremonie gerade recht. Zu voll aufgedrehter Musik tanzen wir übers Deck und mehr und mehr Gäste finden im windig, ungemütlichen Wetter den Weg nach draußen. Fast alle schlucken den Löffel Lebertran und tragen die Trophäe, den Hurtigrutenlöffel, mit in ihre Kabine. Wie auf jeder Tour müssen wir etliche unserer Gäste davon abhalten, den abgeleckten Löffel in der Jackentasche zu verstauen. Lebertran hat die unangenehme Eigenschaft für Wochen jeden Stoff mit seinem Fischgeruch zu kontaminieren. Bei kräftigem Wind wie heute ist es sowieso ein gewisses Wagnis den gefüllten Löffel zum Mund zu führen. Je länger man zögert, umso grösser ist die Gefahr, dass die Jacke für den Rest der Tour in einer luftdichten Tüte wohnen muss, es sei denn man bevorzugt herzhaft tranigen Fischgeruch in seiner Kabine.

Den Rest des Tages aber bevorzugen die meisten Gäste die Innenräume des Schiffes, denn der Wind wechselt sich mit Nieselregen ab. Nasskaltes Schmuddelwetter. Auch der Wetterbericht für morgen begräbt unsere Hoffnung auf eine erträgliche Überfahrt der Hustadvika, der offenen Seestrecke, die durch ihre Strömungsverhältnisse gerne die Schiffe tanzen lässt. Für das Vestkapp sieht es nicht besser aus. Es ist ebenfalls eine der Landmarken an der Strecke, mit denen nicht zu spaßen ist. Jetzt an Tag zehn befinden wir außerdem, dass wir bereits genug geschaukelt sind. Niemand von uns hat Lust auf eine weitere schlaflose Nacht. Die steht uns allerdings auch heute noch einmal bevor, denn nach dem Abendessen wartet die offene Seestrecke Folda auf uns. Langsam reicht es. Es passiert mir so gut wie nie, dass ich mich auf das Ende einer Tour freue, aber gelegentlich bin ich doch dankbar, wenn meine nächtliche Erholungsphase länger als zwei Stunden beträgt. Diese Nacht ist das nicht der Fall.

MS Kong Harald, 08. Januar 2020

Wir sind zurück in Trondheim und schielen schon wieder auf den Wetterbericht. Kaum zu glauben, dass nicht weit südlich von uns der Sturm tobt, wo in Trondheim heute die Sonne über der klirrend kalten Stadt scheint. Um 10:30 Uhr liegen wir immer noch am Kai und wir ahnen bereits, dass auf der Brücke erörtert wird, ob wir überhaupt weiter fahren. In dem Fall, dass wir ablegen, müssen wir mit Windstärke zwölf rechnen. Gegen 11 Uhr haben wir Gewissheit. Die Reise endet in Trondheim, es ist zu gefährlich, die Weiterfahrt zu riskieren. Nicht lange und unsere halbe Gruppe steht in unserer Sprechstunde Schlange.

Wie geht es jetzt weiter? Werden wir unsere Rückflüge morgen erreichen? Bleiben wir auf dem Schiff oder werden wir ins Hotel umquartiert? Wir wissen es noch nicht. Es beginnt ein Organisationsmarathon. Während Hurtigruten alle Möglichkeiten eruiert, wie die Gäste zurück nach Hause kommen, versucht das Expeditionsteam ein Notausflugsprogramm aus dem Boden zu stampfen und bindet dabei auch uns externe Reiseleiter ein. Wir fungieren als deutsche Übersetzer, da deutsche Guides in so hoher Zahl und noch dazu im Winterhalbjahr kaum aufzutreiben sind. Während wir Reiseleiter zu Aushilfsguides werden, kann das Expeditionsteam in engem Kontakt mit Hurtigruten bleiben, denn 450 Flüge von Trondheim nach Bergen müssen irgendwo hergezaubert werden. Zwischenzeitlich zieht unser Schiff vom Hurtigrutenkai zum Ila Pier um, dem eigentlichen Kreuzfahrtterminal, damit wir die Liegeposition nicht tagelang blockieren. Denn auch die neuen Gäste müssen statt in Bergen hier in Trondheim zusteigen.

Der erste Ausflug führt am Nachmittag ins Sverresborg Freilichtmuseum. Auch ein neues Gefühl, dass man um diese Zeit noch in Trondheim weilt, wo wir im Normalfall doch spätestens um 13:15 Uhr die Stadt mit unserem Schiff wieder verlassen. Das Freilichtmuseum liegt außerhalb und wer hier ein paar Stunden verbringt, begibt sich auf eine Zeitreise. Nicht nur die Grundmauern der ersten steinernen Festung des Landes gibt es hier zu sehen, die von König Sverre bereits im 12.

Jahrhundert erbaut wurde. Auch zahlreiche historische Gehöfte aus der Region fanden hier ihren Platz, sowie die Trondheimer Altstadt aus dem 18. Bis 20. Jahrhundert, die man hier für die Nachwelt erhält. Kunterbunt reihen sich die Häuschen hier aneinander. Wer mag, schaut beim Zahnarzt oder in der Apotheke vorbei oder inspiziert den Kramladen, alles liebevoll arrangiert und wie aus einer anderen Zeit. Gleich nebenan kann man einige Hütten der Südsamen bestaunen und auch noch im Fjorddorf vorbei schauen, das sogar eine Stabkirche aus dem 12. Jahrhundert besitzt, die Stabkirche von Haltdalen. Sie steht hier seit 1937 und ist nicht nur die älteste des Landes, sondern auch die nördlichste authentische.

Am späten Nachmittag erfahren wir, wie der Heimflug morgen organisatorisch ablaufen wird. Da so kurzfristig nicht für alle Gäste Flüge zur Verfügung standen, hat Hurtigruten kurzerhand drei Maschinen gechartert, die uns morgen nach Bergen bringen werden. Von dort reisen alle mit ihren planmäßigen Flügen nach Hause. Bereits jetzt hängen am Infobrett die Namenslisten, wer in welcher Maschine fliegt. Unsere Gruppe ist gleichmäßig auf alle drei Flüge verteilt, da sich die Startzeit aber nur um jeweils zehn Minuten unterscheidet, können wir unsere Schäfchen gut zusammen halten.

Nach dem Abendessen geht es weiter mit dem Sonder-Ausflugsprogramm. Das Museum Rockheim hat seine

Öffnungszeit extra für uns verlängert. Auf dieses Musikmuseum freue ich mich ganz besonders, denn hier wollte ich schon jahrelang einmal vorbei schauen, aber die Öffnungszeiten waren mit der Liegezeit unseres Schiffes eher nicht kompatibel. Das Museum ist interaktiv und umfasst die gesamte norwegische Musikgeschichte. Natürlich hat man da als Nicht-Norweger gewisse Bildungslücken, aber durchaus auch das ein oder andere A-ha - Erlebnis, im wahrsten Sinn des Wortes. Knöpfchen drücken ist hier Programm und wer mag, zaubert per Fernbedienung Videoclips aus der Musikgeschichte der letzten fünfzig Jahre an die Wand. Dazu gibt es allerhand Deko aus den einzelnen Jahrzehnten, alte Musikinstrumente und natürlich das rote Cadillac aus den 50er Jahren, mit dem man am liebsten gleich auf Spritztour fahren würde. Für die Death Metal Liebhaber gibt es einen eigenen Raum, in dem man stilechte Konzertatmosphäre genießen kann. Nichts für schwache Ohren. Ich muss nach zwei Minuten in ruhigere Museumsteile flüchten. Fast bis 23 Uhr halten wir uns im Museum auf, komponieren stümperhaft eigene Songs mit den Mischpulten und geben uns dem Multimedia-Zirkus hin, bis uns der Bus zurück zum Schiff bringt.

Kaum dort angekommen, vermisst einer unserer Gruppengäste sein Handy. Es ist mindestens das fünfte Mal, dass wir auf dieser Tour nach einem verlorenen Mobiltelefon fahnden. Zum letzten Mal gesehen hat der Gast das Ding im Rockheim Museum, also rufe ich kurzerhand dort an, ob sich das Telefon irgendwo gefunden hat. Keiner mehr da. Das war zu befürchten, da wir quasi dort die Türe abgeschlossen haben, als wir das Museum verließen.

Bereits um 11 Uhr morgen früh holt uns der Transferbus ab um uns zum Flughafen zu bringen. Das Museum öffnet um die gleiche Zeit und ich hoffe inständig, dass die Mitarbeiter deutlich früher da sind um nach dem verlorenen Handy zu suchen. Für heute können wir nichts mehr tun.

MS Kong Harald, 09. Januar 2020

Bereits um 9 Uhr rufe ich im Museum Rockheim an und wir haben Glück. Die Mitarbeiter sind bereits da und das verlorene Handy wurde gefunden. Flugs bestellen wir den Gästen ein Taxi, so dass sie das Mobiltelefon schnell abholen können.

Als die Transferbusse vorfahren, geht alles hoppla hopp. Es ist so ein ganz anderer Ausschiffungstag. Koffer im Eiltempo verladen, einsteigen und ab zum Flughafen. Und der ächzt heute unter der Masse der Fluggäste, die für Trondheim doch eher ungewöhnlich sind. In der Terminalhalle stapeln sich die Passagiere, für unsere Charterflüge wurden extra Sonderschalter eingerichtet. Ein paar Gäste finden sich erst nach längerem Suchen auf der

Passagierliste, die Aufregung ist bei einigen groß. Dafür, dass nur wenig Zeit blieb um die Flüge zu organisieren, finden wir Reiseleiter, dass das eine logistische Meisterleistung ist. Die Gäste sind solche Situationen natürlich eher nicht gewohnt und gleiten schneller in nervöse Zustände ab als wir Reiseleiter, für die diese Situationen zum Berufsalltag gehören.

An den Gates ist es so voll, dass es einer Touristen-Überschwemmung gleich kommt, Bodenpersonal läuft hektisch umher um der Masse Herr zu werden. Ein geradezu paradiesischer Zustand angesichts der Tatsache, was dieses Jahr im weiteren Verlauf noch zu bieten hat. Neunzig Minuten später sitzen wir im Flieger und rollen Richtung Runway. Netterweise fliegen wir kurz nach dem Start noch einmal übers Schiff und genießen den herrlichen Blick auf die Innenstadt von Trondheim. In Bergen angekommen beruhigt sich die Aufregung und die Gäste kommen zunehmend wieder in ihren Entspannungsmodus. Auch wir Reiseleiter fliegen nun nach Hause und bereiten uns auf unsere nächste Tour vor. Schon in zehn Tagen werde ich zurück nach Bergen fliegen um dort die nächste Gruppe in Empfang zu nehmen.

Die Januar-Tour - die Bedrohung wächst

Bergen, 19. Januar 2020

Hallo Bergen. Die erste „Nordlicht und Sterne" Themenreise dieses Jahres erwartet mich, bei der nicht nur eine Reiseleiterkollegin dabei sein wird, sondern auch zwei Lektoren, die während der Reise eine Reihe von Vorträgen zu allen Themen halten, die sich mit dem Universum befassen. Die beiden Lektoren werden erst morgen mit den Gästen anreisen, aber meine Kollegin fliegt wie ich schon heute nach Bergen. Da sie nur zwanzig Minuten später als ich landet, beschließe ich, im Terminal auf sie zu warten. Während ich in der Ankunftshalle herumschlendere, fällt mir ein gelbes Schild auf: Vorsicht, Coronavirus! „Da scheint Wohl jemand hysterisch besorgt zu sein, dass man da ein Schild aufhängen muss", denke ich. Viren sind doch nichts neues und überall, wo wir uns bewegen, kommen wir mit Viren und Keimen in Berührung, gerade befinden wir uns in der jährlichen Influenzazeit. Ich habe bereits in den Nachrichten davon gehört, dass in China ein neuartiges Virus ausgebrochen sein soll, aber ich neige nicht zu Panikreaktionen, deshalb nehme ich die Nachricht zwar zur Kenntnis, aber ich denke über das Ganze nicht weiter nach. Ich weiß zu diesem Zeitpunkt nicht, dass es nur noch acht Wochen bis zur Katastrophe sind.

Nach zwanzig Minuten ist meine Kollegin da. Wir sind lange nicht zusammen gefahren und nach unserem Check-In im Airport Hotel legen wir erstmal eine Plauderrunde ein. Im Duty-free-Shop haben wir uns eine Flasche Sekt gegönnt, die wir dabei schlürfen. Da die Gäste morgen erst am Nachmittag anreisen werden, können wir ausschlafen. Wir plappern über die bevorstehende Tour, freuen uns auf die Lektoren und rätseln, wie wohl die Gruppe sein wird.

Bergen, 20. Januar 2020

Wir gönnen uns ein spätes Frühstück. Draußen stürmt es. Als wenn das etwas Neues wäre. Wir hoffen, dass uns nicht schon wieder eine Sturmfahrt bevorsteht und sind ganz froh, dass wir gestern bei einigermaßen gemäßigten Windverhältnissen in Bergen landen konnten. Den Gästen steht heute wahrscheinlich eher eine ruppige Landung bevor.

Bevor wir zum Terminal rüber gehen, halten wir eine kurze Lagebesprechung für die Stadtrundfahrt in Bergen. Bei anderen Themenreisen haben wir dafür externe Guides, aber bei „Nordlicht und Sterne" müssen wir selber ran. Worüber ich mich freue, versetzt es meine Kollegin eher in einen nervösen Zustand. Es ist ihre erste Tour dieser Art und sie war bislang immer bei anderen Themenreisen eingesetzt. Entsprechend gehen wir die Route noch einmal durch, die wir durch die Innenstadt nehmen und gleichen ab, was wir denn so zu den einzelnen Sehenswürdigkeiten erzählen. Ich kann mich noch gut an meine erste „Nordlicht und Sterne" Tour erinnern, immer ist es eine nervliche Herausforderung, wenn man etwas zum ersten Mal guided, da ja auch die Fragen der Gäste unberechenbar sind. Von freundlichem Nicken bis zu Detailfragen zu jeder Sehenswürdigkeit ist alles drin. Ein Glücksspiel.

Als wir am Nachmittag zum Terminal hinüber gehen stürmt es immer noch. Wie erwartet hat der Gästeflieger Verspätung. Hoffentlich sind alle Koffer mitgekommen. Wie sich nach der Landung herausstellt, sind zwar alle Koffer da, dafür aber nicht alle Gäste. Drei fehlen. Nach etlichen Telefonaten erfahren wir, dass die drei den Anschlussflug verpasst haben und erst gegen 22:30 Uhr in Bergen ankommen werden. Weil wir zu diesem Zeitpunkt schon abgelegt haben, fliegen die Gäste weiter nach Trondheim und werden erst dort zusteigen.

Da der Rest der Truppe vollzählig ist, fahren wir in die Stadt. Es ist schon fast wieder dunkel, aber glücklicherweise sind Städte ja beleuchtet. Wir besichtigen das Hanseviertel, cruisen durch die Innenstadt vorbei am Fischmarkt, durchs Rosenviertel, über die Halbinsel Nordnes, zum Stadtgarten, kreuz und quer zu allen Sehenswürdigkeiten, die einen ersten Eindruck von der Stadt vermitteln. Kurz vor sieben sind wir am Hurtigrutenterminal und alle lechzen nach dem abendlichen Buffet. So schnell wie möglich checken wir die Gäste ein, damit jeder sich möglichst schnell dem wohlverdienten Abendessen widmen kann. Auch wir Reiseleiter und Lektoren stellen erstmal alles auf unseren Kabinen ab und schauen beim Expeditionsteam vorbei. Da ich wie bei der vorherigen Reise auf der MS Kong Harald bin, fallen wir uns in die Arme, dass wir gleich wieder zusammen zu einer Tour starten. Die Lektoren checken die Termine ab für ihre fünf Vorträge, denn auch das Expeditionsteam nutzt die Konferenzräume für eine Reihe von Veranstaltungen und dementsprechend müssen wir uns absprechen. Und das ist gar nicht so einfach, wenn man einen Blick auf den Wetterbericht wirft. Schon wieder. Ich kann das Wort Sturm nicht mehr hören. Nun gut, es hilft nichts. Irgendwie müssen wir die Vorträge ja halten und auch der Begrüßungscocktail soll ja möglichst am ersten vollen Bordtag stattfinden. Nach einigem hin und her finden wir für alle Veranstaltungen Termine und wie dem Expeditionsteam wird auch uns beschieden sein, dass die offenen Seestrecken uns zuweilen das Halten von Vorträgen schwer machen werden. Wir sind gespannt.

Um 21:30 Uhr heißt es Kurs Nord, es regnet in Strömen. Trotzdem lassen wir uns alle die Laune nicht verderben, wir sind in Norwegen und nicht in der Karibik. Bis zur Askøy-Brücke, die Bergen mit der Insel Askøy verbindet, bleiben wir draußen. Der

Wind pfeift uns um die Ohren und unsere Finger sind kurz vor dem Gefrierpunkt. Wir alle freuen uns auf eine spannende Reise.

MS Kong Harald, 21. Januar 2020

Gleich am Morgen erfolgt die erste Probe auf Seetauglichkeit. Wir sind auf der offenen Seestrecke Stadhavet oder einfach nur Stad, wie sie abgekürzt genannt wird. Eigentlich bezeichnet der Begriff die gleichnamige Halbinsel, die wir umfahren müssen, und auf der das sogenannte Vestkapp liegt, der westlichste Punkt des europäischen Festlandes. Nirgendwo ist man näher an Island als hier. Dafür bei Seegang auch umso ungeschützter. Und die See könnte es uns heute nicht eindrucksvoller zeigen. Bereits beim Frühstück klirrt hier und da ein Glas, das auf dem Steinboden im Restaurant zerschellt, weil man nicht mehr rechtzeitig danach schnappen konnte. Nicht nur viele Gäste haben an diesem Morgen bereits Tabletten gegen Seekrankheit einnehmen müssen, auch unsere Lektoren kämpfen mit der Übelkeit. „Bleibt das die ganze Reise so?" fragen uns mehrere unserer Gruppe, kaum dass sie uns ausfindig gemacht haben, und ich frage mich, ob schonungslose Wahrheit oder Diplomatie in diesem Fall die bessere Variante ist. Ich entscheide mich für eine Mischung aus beidem. „Im Winter kann das immer mal vorkommen, muss aber nicht." Egal, was ich antworte, ändern werden wir es sowieso nicht können.

In Ålesund drückt uns der Wind beim Anlegen kräftig an den Kai. Die Gangway schleift ächzend und quietschend über die Pier. Man muss sich vorsehen, dass sie sich nicht gerade um einen Meter bewegt, wenn man den letzten Schritt von der Gangway an Land macht. In der Jugendstilstadt selbst ist es kaum möglich, hundert Meter selbstbestimmt zu laufen, der Wind treibt einen hin, wo er will. Unsere Lektoren wollen hinauf auf den Aksla, den Hausberg von Ålesund, von dem man einen herrlichen Blick auf die Sunnmøre Alpen und die umliegenden Inseln hat. Da nicht nur der Wind tobt, sondern die 419 Stufen zusätzlich vereist sind, verzichten meine Kollegin und ich. Unsere Jungs lassen sich davon nicht abhalten, ebenso wenig wie die chinesische Reisegruppe, für die Schnee und Winter so etwas wie eine neuartige Erfahrung ist. Unsere Lektoren berichten uns später, dass sich alle mehr oder weniger ans Geländer geklammert den Berg hinauf hangeln mussten. Nein, da schlage ich mich lieber nur mit einer Naturgewalt herum als gleich mit zwei. Und auch auf unserem kleinen Rundweg im vom Jugendstil geprägten Stadtzentrum kostet es uns alle Kraft, uns gegen den Wind zu stemmen.

Anderen Schiffen der Flotte ging es heute an der Küste wie uns. Die MS Nordnorge musste beim Anlegen in Bodø einen Kampf mit der Windgeschwindigkeit ausfechten. Blitzschnell verbreiten sich die Videos seit heute Mittag im Internet. Nichts für schwache Nerven.

Zum späten Nachmittag bessert sich die Windgeschwindigkeit nicht zu unseren Gunsten, daher gehen wir in Molde nicht mal vor die Tür. Regen, Wind, kalt, Couchwetter. Hoffentlich wirft uns die Hustadvika nicht hin und her heute Abend, denn zu diesem Zeitpunkt wird der Begrüßungscocktail für unsere Gruppe stattfinden. Nicht nervös werden. Aber es kommt, wie es kommen muss. Um 19:30 Uhr erfolgt die Durchsage der Brücke. In einer halben Stunde ist mit deutlichem Seegang zu rechnen. Man könnte es schon fast als Normalzustand empfinden. Wir hören bereits den Oberkellner mit dem Sekt anrollen. Viele von unserer Gruppe haben sich eingefunden, um auf die Reise anzustoßen. Aber bereits das Einschenken gerät zu einer Herausforderung. Die Hand-Augen-Koordination funktioniert nur noch auf dem Niveau von zweijährigen. Zwischendurch reißt es die gesamten Gläser herunter und wir müssen erstmal Nachschub besorgen. Immerhin die Flaschen sind heil geblieben.

Wer sich mit vollem Glas zum Stuhl gehangelt hat, hat vorläufig keine Motivation wieder aufzustehen. Als wir Reiseleiter und die Lektoren die Begrüßungsworte sprechen, fahren wir bereits Achterbahn. Die Lage der Konferenzräume im Schiff tut ihr Übriges dazu. Ganz vorne und ganz hinten ist bei diesem Seegang die denkbar schlechteste Option. Obwohl wir, die auf den Schiffen arbeiten, diese Situation gewohnt sind, sagt auch mein Magen mir heute, dass er jetzt langsam wieder ruhigeres Fahrwasser bevorzugt. Wir halten die Veranstaltung so kurz wie möglich, denn wir wollen unsere Gäste nicht übermäßig strapazieren. Morgen wird es besser - hoffentlich.

MS Kong Harald, 22. Januar 2020

Guten Morgen Trondheim. Schon wieder am Ila Pier. Warum das denn jetzt? Die Windverhältnisse sehen moderat aus. Und obwohl es so aussieht, waren die Strömungsverhältnisse heute Morgen wohl zu gefährlich, als dass wir am Hurtigrutenkai hätten anlegen können. Sämtliche Rundwege, die wir den Gästen in den Stadtplan eingezeichnet haben, stimmen nun nicht mehr. Also stehen wir bereits früh an der Gangway um entsprechend zu korrigieren, zumindest für die, die keinen Ausflug gebucht haben.

Auch meine Kollegin und ich gehen nach dem Frühstück auf einen Sprung in die Stadt, wir müssen ausnutzen, dass sich sogar stellenweise blauer Himmel zeigt. Ich bin noch nie vom Ila Pier aus in die Stadt gelaufen, der Weg ist länger als vom Hurtigrutenkai, hat aber durchaus seine Vorzüge, vor allem die hübschen Graffiti. Wahre Künstler haben sich hier ausgetobt. Wir laufen weiter am Nidelva entlang, dem Fluss, an dessen Mündung die Stadt thront. Ungewohnt, von der entgegengesetzten Seite die Stadt zu betreten als es sonst üblich ist, aber das eröffnet durchaus neue Perspektiven und Fotomotive.

Natürlich machen wir Halt am Nidarosdom. Nach wie vor ist er für mich eine der eindrucksvollsten Kirchen Norwegens. Kaum vorstellbar, dass er eine so lange Baugeschichte hat. Erst 1968 wurden die Türme nach langem Wiederaufbau fertig gestellt. Über Jahrhunderte wurde am Gebäude „gebastelt", nachdem es zahlreichen Bränden zum Opfer fiel. Bis heute sind mehr als dreißig Restauratoren täglich damit beschäftigt, den Nidarosdom weiter für die Nachwelt zu erhalten.

Auch auf dem Marktplatz hat sich etwas getan. Die Fußbodenheizung ist endlich fertig gestellt. Die Norweger waren ja von jeher nicht zimperlich, Strom hemmungslos zu nutzen. So auch in Trondheim. Mehr als ein Jahr war der Marktplatz eine Dauerbaustelle und der Stadtgründer Olav Tryggvason, der auf seiner Säule das Geschehen von oben beobachtet, mag sich wohl gefragt haben, wie lange sein Standort noch dermaßen verwüstet bleibt. Jetzt ist alles wieder hübsch ordentlich, der Platz wurde neu gepflastert und strahlt in neuem Glanz. Über die architektonischen Nachkriegssünden in der Nachbarschaft kann er trotzdem nicht hinweg täuschen. Die Fußgängerzone war schon immer ein Ort, wo sich Hübsches mit Hässlichem abwechselt.

Mitten in unserer kleinen Besichtigungstour ruft uns ein Reiseleiterkollege an. Er ist mit einer Gruppe auf der MS Nordlys und die hat soeben neben uns am Ila Pir festgemacht. Mit reichlich Verspätung, denn eigentlich müsste sie längst wieder abgelegt haben. Aber auch der Nordlys hat der Sturm gestern ein Tänzchen auf der offenen Seestrecke Folda beschert und die Verspätung war nicht mehr aufzuholen. Wir Reiseleiter haben uns ja mittlerweile zähneknirschend daran gewöhnt, dass Kollegentreffen im neuen Fahrplan nicht mehr drin sind, umso schöner, wenn es dann unvorhergesehen klappt. Kurzerhand schnappen wir uns ein Taxi, damit wir zurück am Ila Pir sind, bevor die Nordlys wieder ablegt.

Als wir am Schiff ankommen, ist es fast wie in alten Zeiten. Bei einem Kaffee plaudern wir über unsere Gruppen, das bisherige Wetter auf der Tour und Besonderheiten aller Art, die wir in den letzten Tagen erlebt haben. Auch bei den Crews hat die Dauerschaukelei inzwischen Spuren hinterlassen. In wenigen Monaten werden wir uns nach diesem Zustand zurücksehnen! Inzwischen sind auch unsere drei verlorenen Gäste eingetroffen, die den Anschlussflug bei der Anreise verpasst haben. Endlich ist unsere Gruppe vollzählig.

MS Kong Harald, 23. Januar 2020

7:42 Uhr. Hallo Polarkreis. Es regnet und es windet. Keine Motivation raus zu gehen, wo ich doch einen Logenplatz in der Kabine habe, die dieses mal backbord liegt. Langsam zieht der

Globus vorbei und für die Fotowilligen strahlen wir ihn vom Schiff aus an. Seit Jahren nehmen wir auf der Tour die kleine Insel Vikingen als Markierung des Polarkreises wahr und eigentlich stimmt das schon lange nicht mehr. Da die Erde langsam die Neigung ihrer Achse ändert, verschiebt sich auch der Polarkreis jährlich um mehr als vierzehn Meter. Da man aber nicht alle vierzehn Meter eine Insel zur Hand hat, auf der man einen neuen Globus aufstellen könnte, bleibt der Polarkreis da, wo er ist. Zumindest für uns, die daran vorbei fahren.

Nachdem wir vor ein paar Tagen das dramatische Anlegemanöver der Nordnorge in Bodø übers Internet verfolgt haben, sind wir gespannt, wie es uns heute dort ergehen wird. Aber wir haben Glück. Der Wind gönnt sich eine kleine Verschnaufpause und bläst nur gemäßigt über die Stadt. Es reicht aber für das arktische Feeling. Der Schnee ist auf der Pier festgefroren und der Wind bläst die verbleibenden losen Schneepartikel über den Boden, dazu pfeift es ordentlich. Auch als wir festgemacht haben, schaukeln wir am Kai hin und her. In Bodø selbst herrscht fast noch Weihnachtsstimmung, obwohl wir uns bereits einen Monat nach den Festtagen befinden. Aber Weihnachtsdeko zeitnah abzubauen, ist nicht des Norwegers Sache. So freuen wir uns am Hafen an den beleuchteten Stahlweihnachtsbäumen, die jedes Jahr hübsch anzuschauen sind und in nahezu allen großen Städten aufgestellt werden. In Bodø würde ich sie glatt zu den

Sehenswürdigkeiten zählen, denn von der Stadt blieb nach dem zweiten Weltkrieg nicht viel übrig.

Als Handelsplatz für die nordnorwegischen Fischer gegründet, sollte hier ein Handelsmonopol entstehen, mit dem Ziel, den Einfluss der Dänen zurückzudrängen, unter deren Herrschaft Norwegen zu diesem Zeitpunkt stand. Obwohl der Protest der Stadt Bergen unüberhörbar war, gestand die norwegische Regierung 1816 Bodø das Stadtrecht zu. Jedoch erst Mitte des 19. Jahrhunderts kam der Handel richtig in Fahrt, bis der zweite Weltkrieg allem ein jähes Ende bereitete. Die gesamte Stadt wurde zerstört und die meisten historischen Sehenswürdigkeiten gingen verloren. Das Stadtbild zeigt sich architektonisch seitdem eher nüchtern. Bodø punktet aber seit jeher aber durch seine Umgebung, wurde 2016 zur lebenswertesten Stadt des Landes gewählt und ist 2024 sogar eine von drei Kulturhauptstädten Europas.

MS Kong Harald, 24. Januar 2020

Nachdem auch der Vestfjord gestern Nachmittag kein Zuckerschlecken war, freuen sich die meisten heute darauf, dass es bis zum Abend keine offene Seestrecke gibt. Auch unsere Lektoren mussten gestern eine Seekrankheit-gedenkrunde auf ihren Kabinen einlegen.

Wir sind gespannt, ob der Hundeschlitten-Ausflug in Tromsø heute stattfinden kann. In den letzten Wochen war es hier viel zu warm, so dass der Schnee weitestgehend weggetaut ist. Das Klima verändert sich. Zwar ist die Landschaft nach wie vor in winterliches weiß gehüllt, aber mit ein paar Zentimetern, die die Schneeschicht noch hat, können die Hündchen nichts anfangen. Wir hoffen, dass die Schneelage außerhalb der Stadt ausreicht, um den Ausflug stattfinden zu lassen, jedoch erfahren wir eine Stunde später: es reicht nicht, der Ausflug fällt aus und wir trösten unsere enttäuschten Gäste.

So laufen die meisten am Nachmittag eine Runde durch Tromsø und das ist geradezu eine Herausforderung. Auch wir Reiseleiter starten zu einer kleinen Stadttour und wir haben vorsorglich die Spikes eingepackt. Aber nur die ersten hundert Meter lassen wir sie im Rucksack. Der Schnee ist hier in den letzten Tagen angetaut und dann erneut festgefroren, was die Bürgersteige und Straßen dort, wo keine Fußbodenheizung liegt, in buckelige Schlittschuhbahnen verwandelt hat. Unmöglich darauf auch nur zehn Meter unfallfrei zurück zu legen. Also spielen wir lieber das Spikes-on-off-Spiel. Leichtfüßiges Schreiten auf dem Eis und sofortiges entfernen der Spikes, sobald man sich in ein Geschäft oder auf eine eisfreie Fläche begibt. Denn die kleinen Metallfüßchen, die uns so mühelos auf dem Eis gehen lassen, geraten auf allen anderen Oberflächen zum Fallbeschleuniger.

So hangeln wir uns also durch die Stadt und schauen bei den Speicherhäusern am Hafen vorbei, ebenso am Polarmuseum, dessen Ausstellung untrennbar mit der Geschichte der Stadt verbunden ist. Hier lernt man alles über die Robbenjagd, die in Tromsø einst zu den bedeutendsten Wirtschaftszweigen gehörte. Dabei achtete man jedoch darauf den Fortbestand der Populationen nicht zu gefährden. Auch von den großen Polarexpeditionen wird im Museum erzählt, die vielfach hier ihren Ausgangspunkt fanden, vor allem die zum Nordpol. Ihre größten Pioniere, Roald Amundsen und Fritjof Nansen, werden im Polarmuseum wohlverdient gewürdigt. Wir Reiseleiter besuchen die Ausstellung heute nicht, wir wollen das arktische Flair der Stadt draußen genießen.

So schlendern wir durch die Fußgängerzone und erfreuen uns an dem fabelhaften Kontrast der Lichter. Das kalte blau der Arktis mischt sich mit dem warmen gelb der beleuchteten Häuser und Straßen. Die Polarnacht ist seit ein paar Tagen endlich vorbei, die Tageslänge ist zwar noch sehr überschaubar, aber sie beschert uns bereits einen Hauch von Rückkehr in den Tag-und-Nacht-Rhythmus.

Am Abend gieren wir nach Nordlicht und auch unsere Gäste werden zunehmend nervöser, wann denn nun das erste Nordlicht zu sehen ist. Für die Region zwischen Tromsø und Skjervøy hat sich ja mittlerweile der Begriff „Nordlichtgarantie" etabliert. Und tatsächlich habe ich hier auf all meinen Touren das meiste Nordlicht gesehen. Unsere Lektoren checken pausenlos die Sonnenwindwerte und die Bewölkungsdichte. Vorsorglich verpacken wir uns nach dem Abendessen in mehrere Schichten winddichter Kleidung. Deck sieben ist am Heck so vereist, dass man sich den Weg zurück, um sich aufzuwärmen, dreimal überlegt. Also polstern wir vorsorglich unsere Schuhe mit Wärmepads aus, positionieren uns an der Reling und warten. Eine halbe Stunde tut sich nichts. Jeder von uns würde jetzt wahrscheinlich die heiße Badewanne vor der Kälte hier draußen vorziehen. So ist das immer mit dem Warten aufs Nordlicht. Bevor es kommt, friert man fast schon an Deck fest, und wenn es da ist, strömt so viel Adrenalin durch die Adern, dass die Kälte kaum noch spürbar ist. So ist es auch heute.

Nach einer halben Stunde tut sich etwas. Ein grauer Schleier erscheint über unserem Schiff, natürlich testen wir auch heute sofort mit unseren Kameras, ob es sich um Nordlicht handelt und nicht etwa um den Rauch vom Schornstein des Schiffes. Manch einer ist schon darauf reingefallen. Auch ich. Aber es ist tatsächlich Nordlicht. Kaum haben wir es erspäht, ist es auch schon wieder weg und die ersten Gäste begeben sich gleich wieder ins warme Schiffsinnere. Jedesmal sagen wir zu Beginn der Tour, dass das Nordlicht ein Naturphänomen ist, das nicht auf Bestellung funktioniert und bei dem man vor allem eins tun muss, wenn man es in voller Schönheit sehen will: draußen bleiben. Der harte Kern unserer Truppe beißt die Zähne zusammen und wir versuchen, uns mit allerhand Geplauder gegenseitig vom Frieren abzulenken.

Eine halbe Stunde dauert es, bis das Nordlicht wieder aufleuchtet, erst statisch, dann in Spiralen über unserem Schiff tanzend. Nach und nach kommen wieder mehr Gäste nach draußen, denn die Brücke hat eine erneute Durchsage gemacht. Viele sind noch dabei, sich wieder in ihre warme Kleidung zu hüllen als die Show zum zweiten Mal endet. Das ist der Grund, warum man eben gleich draußen bleiben soll um nicht die Vorstellung am Himmel durch an- und ausziehen zu verpassen. Da nun erneut Sendepause ist, nutzen unsere Lektoren das zu einer kleinen Sternenführung. Per Laserpointer zeigen sie den Gästen und auch uns Reiseleitern die Sternbilder des Winterhimmels und ich frage mich, wie man aus der Masse der sichtbaren Sterne überhaupt irgendeine Systematik ableiten kann. Auf jeder Wintertour übe ich mich im Sternbilder finden. Wo ich zu Beginn nicht mehr als den „Großen Wagen" erkennen konnte, bin ich immerhin schon in der Lage, „Orion", die „Plejaden" und „Kassiopeia" im Sternenwirrwarr ausfindig zu machen. Bereits gestern haben uns die Lektoren per Vortrag den Nachthimmel erläutert und wir alle lauschten fasziniert, wie dieser strukturiert ist. Aber was auf der Sternenkarte so einfach aussieht, ist für den Laien am realen Himmel kaum noch auszumachen, vor allem, wenn man die für die Sternbilder irrelevanten Sterne nicht einfach ausschalten kann. Unsere Lektoren zeigen uns das Wintersechseck. Es ist kein Sternbild, sondern es besteht vielmehr aus sechs Fixsternen unterschiedlicher Sternbilder, die durch gedachte Linien ein Sechseck bilden und so die Orientierung am Nachthimmel leichter machen. Leichter? Nein. Wir alle sind uns einig, dass wir nicht zum Ruck-Zuck-Astronomen taugen. Trotzdem schauen wir fasziniert in den Himmel und wissen ein kleines bisschen mehr über unsere Milchstraße.

Kaum sind wir fertig mit der Suche nach Sternbildern, flackert das Nordlicht wieder auf. Aber das meiste Pulver ist jetzt wohl verschossen. Noch einmal tanzt es schwach über uns bis der Himmel die Show endgültig beendet und den Wolkenvorhang zwischen uns und das Nordlicht schiebt. Schluss für heute.

MS Kong Harald, 25. Januar 2020

Nordkapp-Tag. Oder doch nicht. Der Sturm ist zurück. Bereits am Morgen schaukelt es schon gewaltig und dabei sind wir weder bereits in der Barentssee, noch hat der vorhergesagte Orkan die Küste erreicht. Das wird eine heitere Fahrt, wenn wir heute Nachmittag von Honningsvåg in Richtung Kirkenes starten. Bereits in den letzten Tagen haben wir immer wieder gehört, dass das ein oder andere Schiff nach Alta fährt um dort abzuwettern. Abwettern meint, dass ein Schiff an einer geschützten Stelle abwartet, bis sich die Wetterlage verbessert hat. In all den Jahren als Reiseleiterin hatte ich dieses Vergnügen noch nie und ich gebe zu, dass ich heimlich darauf hoffe, denn die Nordlichtkathedrale in Alta würde ich dann doch mal gerne sehen. Auch wir hoffen, dass es aufgrund des aufziehenden Orkans über der Barentssee noch dazu kommt, dass wir umdrehen und zwei Tage in Alta verbringen, so wie die MS Richard With drei Tage vor uns. Zunächst allerdings fahren wir weiter mit Kurs Honningsvåg. Um 10 Uhr erfolgt bereits die Durchsage, dass der Ausflug zum Nordkapp nicht stattfinden kann. Durch den anhaltenden Wind sind in der Nacht auf der Insel Magerøya so viele Schneeverwehungen entstanden, dass es unmöglich ist, bis wir anlegen die Straßen zu räumen. Nun gut, dann schlendern wir eben durch Honningsvåg. Wenn man bei jeder Tour zum Nordkapp fährt, freut man sich auch mal über eine Abwechslung. Für die Gäste tut es mir allerdings leid. Für sie ist es eine große Enttäuschung, denn viele empfinden den Ausflug zum Nordkapp als Höhepunkt der Reise.

Kaum haben die Gäste ihre Enttäuschung einigermaßen verkraftet ertönt die nächste Durchsage. Die Brücke informiert uns alle, dass der Kapitän sich entschieden hat, nur kurz in Honningsvåg zu halten und dann ohne weiteren Stopp bis Kirkenes durchzufahren, damit wir den Hafen vor dem Orkan erreichen. Das wird dann wohl nichts mit Alta. Auch unsere

Lektoren freuen sich auf eine weitere Runde Seekrankheit. Aber erst einmal halten wir mit etwas Verspätung in Honningsvåg. Ladeklappe runter, Waren ein- und ausladen, Ladeklappe hoch. Die Gangway wird gar nicht erst heruntergelassen. Zügig machen wir uns nun auf den Weg nach Kirkenes, bereits um Mitternacht sollen wir anlegen, wir sind gespannt. Das Schaukeln bleibt allerdings den ganzen Nachmittag moderat, der Wind steht günstig und schiebt uns durch die See. Auch beim Nordkappbuffet fällt es uns nicht schwer unsere Teller zum Tisch zu balancieren. Unseren Vortrag verschieben wir aber vorsorglich auf morgen.

MS Kong Harald, 26. Januar 2020

7 Uhr, es schaukelt wie verrückt. Sind wir noch nicht in Kirkenes? Ich blinzele mal aus dem Fenster. Doch, wir liegen am Kai, alle Luken dicht. Die Wellen peitschen an die Kaimauern, drücken uns gleich mit an die Puffer und lassen uns dann wieder etwas Abstand gewinnen. Seegang im Hafen hatte ich bis jetzt auch noch nie. Als ich eine Stunde später auf dem Weg zum Frühstück bin, drängeln sich die Gäste vor den Fenstern auf Deck vier und beobachten fasziniert das Geschehen draußen, zeitweise reicht die Sicht aufgrund des Schneesturmes nur ein paar Meter weit. Wir finden uns schon innerlich damit ab, dass die Ausflüge heute nicht stattfinden werden. Vor allem die

Schneemobilfahrer zittern, ist dieser Ausflug doch etwas, was man nicht alle Tage irgendwo anders nachholen kann.

Doch das Wetter bessert sich. Plötzlich setzt sich die Sonne durch und weist den Schneesturm in seine Schranken. Auch der Wind lässt deutlich nach. Endlich können wir die Gangway herunter lassen zur gleichen Zeit, zu der wir fahrplanmäßig angelegt hätten. Der Putztrupp stürmt ins Schiff und die Gäste stürmen hinaus. Alle freuen sich, dass sie nun zu den Ausflügen starten können. Viele Gäste verlassen uns wie immer endgültig hier in Kirkenes, aber es haben sich auch viele neue Gäste angekündigt. Davon, dass sich das Schiff nun dauerhaft leert, kann keine Rede sein.

Ich will heute in die Stadt, Beine vertreten, frische Luft schnappen. Außerdem wurde vor wenigen Wochen in der Fußgängerzone eine riesige Königskrabbe aufgestellt. Sie soll Symbol sein für den wichtigen Wirtschaftszweig des Königskrabbenfanges, von dem viele hier in der Region leben. Bis heute frage ich mich, warum die überdimensionalen Krabbeltiere so teuer sind, wenn man sie in gegarter Form auf dem Teller haben möchte, wo sie doch eigentlich als Ungeziefer gelten. Obwohl sie reichlich befischt werden, ist ihre explosionsartige Vermehrung kaum zu stoppen. Wie auch, wenn ein Weibchen allein soviel Nachwuchs in die Welt setzt, dass im Schnitt achttausend Jungtiere das Erwachsenenalter erreichen.

Wenigstens vermehrt sich die Königskrabbe nicht, die nun in der Fußgängerzone aufgestellt ist. Aber gelungen ist sie. Überdimensional aus goldfarbenem Metall, hübsch mit LEDs beleuchtet.

Unweit davon sind jetzt Grenzsteine aufgestellt. Nicht jeder, der nach Kirkenes kommt, schaut zwangsläufig auch an der russischen Grenze vorbei, obwohl sie nur gut zehn Kilometer entfernt ist. Also kann sich jetzt in der Fußgängerzone jeder ein Bild davon machen, wie die norwegisch-russische Grenze markiert ist. Gelber Grenzstein auf der norwegischen Seite, rot-grüner auf der russischen. Anders als an der wirklichen Grenze darf man sich in der Fußgängerzone allerdings an den Grenzsteinen aufhalten, wo man möchte. Etwas, dass man zehn Kilometer weiter tunlichst unterlassen sollte, wenn man keine empfindliche Geldstrafe und Handschellen riskieren will. Ich treffe den ein oder anderen von meiner Gruppe und wir machen gut gelaunt Klischee-Touristen-Fotos, posierend zwischen Grenzsteinen und neben der Königskrabbe. Großen Spaß haben wir dabei.

Nach dem Ablegen in Kirkenes erinnert uns die Barentssee wieder daran, dass der Aufenthalt in dort nur eine Sturm-Verschnaufpause war. Wie schon bei der letzten Tour schüttelt uns bereits der Varangerfjord hin und her. Was ist nur diesen Winter mit dem Wetter los. Vor Vardø nehmen wir dann auch dieselbe Schleichfahrt-Abkürzung wie bereits vor drei Wochen. Nah am Festland, geschützt durch die Insel Vardøya, auf der sich Vardø befindet. Es wird also wieder nichts mit einem Aufenthalt hier. Wen wundert es angesichts des Seegangs. Die ganze Nacht stampfen wir uns mühsam vorwärts und keiner von uns wird morgen von einer Nacht mit ausreichend Schlaf sprechen können.

MS Kong Harald, 27. Januar 2020

Wir sind alle wie gerädert. Kaffee bitte. Der Sturm hat sich endlich gelegt und die Sonne erfreut uns mit ihren Strahlen. Ihre wärmende Kraft entfaltet sie im Moment noch nicht, zu knapp sind wir hinter der Polarnacht, so dass der Einfallswinkel der Sonnenstrahlen noch zu flach ist, um die Wärme unseres Sterns zu spüren. Während wir noch überlegen, ob wir in Hammerfest eine Runde drehen, gibt es schon wieder eine Hiobsbotschaft. Einer unserer drei verlorenen Gäste, die erst in Trondheim zugestiegen sind, fühlt sich plötzlich matt und kraftlos, kann sich kaum noch auf den Beinen halten. Wir messen 38,5 Grad Fieber, Nur wenige Wochen später werden uns solche Symptome in Angst und Schrecken versetzen. Wir entscheiden uns für einen Arztbesuch in Hammerfest, denn der Gast zählt zu den Senioren und da wir keinen Arzt an Bord haben, empfehle ich abzuklären, ob es sich nur um eine Erkältung handelt oder eine Infektion vorliegt. Während ich mit den Gästen ins Legevakt, die norwegische Ärzteambulanz fahre, bleibt meine Kollegin auf dem Schiff in Bereitschaft. Da in Norwegen keine Termine vergeben werden, sondern nach Dringlichkeit behandelt wird, rufe ich vorsorglich im Legevakt an, damit der behandelnde Arzt weiß, dass wir vom Schiff kommen und um 12:45 Uhr wieder ablegen. Für uns Reiseleiter sind diese Arztbesuche immer ein Wettlauf gegen die Uhr, will man sich doch nicht vordrängeln mit einer möglichen Lappalie, hat aber gleichzeitig die Uhr im Nacken, wann man spätestens zurück auf dem Schiff sein muss.

Im Legevakt angekommen geht es zügig mit der Anmeldung und nach kurzer Wartezeit erkläre ich dem Arzt, welche Symptome der Patient hat. Dann warte ich draußen auf dem Gang und hoffe, dass es sich tatsächlich nur um eine schnöde Erkältung handelt und die Gäste - Opa, Sohn und Enkelin - die Reise fortsetzen können. Nach kurzer Zeit stellt sich jedoch heraus, dass es sich um einen Infekt handelt, der Patient muss ins Krankenhaus, damit man genau heraus finden kann, welcher Infekt hier sein Unwesen treibt. Mist. Auch die Gäste sind natürlich traurig. Kurz diskutieren wir, ob es sinnvoll ist, auf eigenes Risiko weiter zu fahren, aber dann fällt die Entscheidung: Reiseabbruch. So etwas tut mir immer unglaublich leid und Gott sei Dank kommt so etwas selten vor, aber wenn es dann passiert, leide ich mit den Gästen. So lange hat man sich auf diese Reise gefreut.

Ich rufe die Rezeptionschefin auf dem Schiff an und informiere sie, dass vor dem Ablegen noch die Kabine geräumt werden muss. Alle drei Gäste werden die Tour abbrechen. Mit einem der Drei fahre ich zurück zum Schiff und zusammen mit ihm und meiner Kollegin packe ich das Hab und Gut zusammen. Für uns Reiseleiter ist es ein furchtbares Gefühl, die persönlichen Dinge von Gästen in Koffer und Taschen zu verstauen, schließlich ist es die Privatsphäre, in die man sozusagen eindringt. Aber alle Vorbehalte nutzen nichts, die Sachen müssen vom Schiff.

Als wir alles zusammen gepackt haben, sind wir schon eine viertel Stunde hinter der Zeit, zu der wir üblicherweise ablegen. Glücklicherweise hat die Brücke bei unserer Rückkehr vom Arzt gleich zugesichert, dass wir so lange mit der Abfahrt warten, bis alles in Ruhe verstaut ist. Kein Eiltempo. Da ist sie wieder, die Gelassenheit der Norweger. Als die Gangway hochgeht, winken wir dem Gast noch einmal nach. Bedrückend. Wie wir am nächsten Tag erfahren werden, entpuppt sich der Infekt als echte Influenza. Der Reiseabbruch war also richtig und gleichzeitig wird uns klar, dass auch wir sowohl bei der Taxifahrt zum Arzt als auch bei unserer Kabinenräumaktion Influenzaviren abbekommen haben. Wird schon gut gehen.

Am Abend gibt es Nordlichtalarm. Wurde jetzt auch mal wieder Zeit, quasi als Belohnung nach der ganzen Schaukelei. Auch heute fangen wir wieder mit schwachem Grün an. Und bei dem schwachen Grün bleibt es dann auch. Etliche Gäste unserer Gruppe haben sich mit ihren Stativen bewaffnet, die Kamera montiert, alles auf Deck sieben aufgebaut. Nichts tut sich am Himmel. Wir machen es uns auf den Loungesofas gemütlich, immerhin ist das Deck hier überdacht, denn am Heck ist es aufgrund des arktischen Fahrtwinds so kalt, dass man kaum eine halbe Stunde aushält ohne den Nordlichtkick. Alle fünf Minuten geht einer von uns zum Heck um die Lage am Himmel zu checken. Alles schwarz. Nach zwei Stunden geben wir auf und ziehen um ins Multecafé, da ist es gemütlicher. Die Hälfte der Stühle belegen wir mit unseren Jacken, Schals und Mützen, dazwischen reihenweise Kameras auf Stativen. Mehr als gemütliches Beisammensitzen ist aber dann nicht mehr drin. Das Nordlicht lässt uns in dieser Nacht hängen.

MS Kong Harald, 28. Januar 2020

Tag neun. Mein Gott, schon wieder Tag neun. Es wird sich wohl nie ändern, dass es einem regelmäßig so vorkommt, als wäre man gerade erst in Bergen los gefahren. Auf jeden Fall setzt sich seit Jahresbeginn mein Tag-neun-Schlechtwetter-Abo wieder durch. Ausgerechnet heute, wo doch so schöne Landschaft auf uns wartet. Schon am frühen Morgen starten die Ausflügler zur Vesterålen-Panoramafahrt, einem der schönsten Ausflüge überhaupt. Hoffentlich erwischen sie zwischendurch mal das ein oder andere Wolkenloch. Es schneit unaufhörlich, so dicht, dass man kaum etwas von der zauberhaften Landschaft erkennen kann. In Risøyhamn können wir kaum die Kaimauer sehen, erst kurz vor dem Anlegen taucht sie aus dem Schneegestöber auf. Nach kurzem Halt fahren wir weiter Richtung Sortland und hoffen, dass wir wenigstens den Ausflugsbussen winken können, die über die Sortlandbrücke fahren, während wir uns drunter durch begeben. Bei diesem Schneefall wird das Spektakel eher zur akustischen Begegnung als zur visuellen. Aber wir haben Glück. Auf einmal reißt der Himmel auf. Winken, hornen, hupen.

Dass die Sonne sich auf nun zart durchsetzt, nehmen unsere Gäste gleich zum Anlass, unsere Nordlichtchancen für heute Abend abzuklopfen. Mit der Überschreitung des Polarkreises morgen früh sinkt die Wahrscheinlichkeit eklatant. Heute muss noch was gehen - hoffen wir. Zunächst nähern wir uns aber Stokmarknes. Schon wieder hat die Halle, die im Moment zum Schutz der alten MS Finnmarken gebaut wird, Fortschritte gemacht. Die großflächigen Glasfenster stehen schon bereit und warten auf der Baustelle darauf, dass sie eingepasst werden. Ich bin sehr gespannt, wie lange es noch dauern wird bis das Schmuckstück feierlich eingeweiht werden kann. Herrlich glatt ist es in Stokmarknes. Viele von unserer Gruppe besuchen das Hurtigrutenmuseum, nicht nur weil die Ausstellung allerliebst gestaltet ist, sondern weil es dort außerdem warm ist und die

Bodenbeläge rutschfest sind. Wer lieber entlang des Wassers läuft und keine Spikes untergeschnallt hat, muss heute regelmäßig die Arme als Gleichgewichtsergänzung zu Hilfe nehmen.

Am Nachmittag im Raftsund ist es so ungemütlich, dass kaum ein Gast die Motivation hat, draußen zu stehen. Nasskaltes Schmuddelwetter, verhangene Berggipfel, nach wenigen Minuten verwandelt man sich in einen Eiszapfen. Schade. Also schauen sich die meisten von drinnen die Landschaft an oder zumindest das, was das Schmuddelwetter von ihr Preis gibt. Bitte wenigstens noch mal Nordlicht heute Abend, damit der Tag wettermäßig nicht vollends verloren ist. Und tatsächlich: als wir in Svolvær am Abend anlegen, ist der Himmel weitestgehend aufgerissen. Wir schauen suchend in die Nacht, aber es ist kaum möglich abzuschätzen, ob sich da etwas tut. Wie auch, wo wir ja bei der Einfahrt in einen Hafen verpflichtet sind die Festbeleuchtung einzuschalten. Also warten wir erst einmal ab bis wir fertig mit dem Anlegen sind. Gut, dass sich unsere Kameras nicht von städtischer Lichtverschmutzung das Grün-Sehvermögen verderben lassen. Und ein grauer Schleier hoch über der Svolværgeita, dem Wahrzeichen von Svolvær, entpuppt sich tatsächlich als Nordlicht.

Wir überlegen, wie wir die fotografische Herausforderung meistern. Grelle Stadtlichter und schwaches Nordlicht. Dinge, die zwei völlig unterschiedliche Lichtsituationen darstellen. Unbefriedigend. Wir beschließen nach Svinøya zu laufen, dem kleinen Fischerdorf, das Svolvær vorgelagert ist. Da ist es dunkler und die Kulisse der Rorbuer, der Lofotfischerhäuser, erfreut das Fotografenherz. Was mit Begeisterung beginnt, stellt sich allerdings schnell als Herausforderung dar. Wie schon nordgehend in Tromsø, ist auch hier der Schnee angetaut und danach wieder festgefroren. Teilweise präsentiert er sich als matschige Rutschbahn, auf der man mit der geschulterten Kamera aufpassen muss, dass man sie nicht in Folge eines Sturzes in tausend Einzelteilen zurück zum Schiff trägt. Und dann ist ja da noch der Wettlauf gegen die Zeit. Zwei Stunden können fürchterlich kurz sein, wenn man gefühlte zwanzig Minuten dafür braucht, um hundert Meter zurück zu legen. Irgendwie schaffen wir es innerhalb von vierzig Minuten zum Fischerdorf. Kaum haben wir alles aufgestellt, gönnt sich das Nordlicht eine Pause, die so lange dauert, bis wir unsere Kameras für den Rückweg schultern müssen. Ein Reinfall.

Auch als wir in Svolvær ablegen, befindet das Nordlicht, dass es für heute Abend genug geleistet hat. Wir sehen es nicht wieder und müssen uns wohl damit abfinden, dass die Show für diese Tour endgültig vorbei ist.

MS Kong Harald, 29. Januar 2020

Guten Morgen Tag zehn. Heute bin ich schon an Deck, lange bevor wir den Polarkreis überschreiten, denn der Sonnenaufgang malt die schönsten Farben in den Himmel. Das arktisch kalte blau der ausklingenden Nacht mischt sich langsam immer mehr mit rot und gelb. Was für eine Pracht. Auch viele Gäste haben heute Morgen bereits nach draußen gefunden um das atemberaubende Licht fotografisch festzuhalten. Und auch die kleine Insel Vikingen mit dem Polarkreisglobus präsentiert sich heute in allerfeinstem Licht, der Berg Hestmannen schneebedeckt dahinter. So schön, dass man heulen könnte. Das ist einer dieser Momente, in denen ich unendlich dankbar bin, dass ich diesen Job machen darf. Eigentlich bin ich das immer, aber in solchen Momenten könnte ich vor Glück zerspringen.

Den Tag über genießen wir die wunderschöne Landschaft der Helgelandküste und freuen uns über die wolkenfreien Gipfel der sieben Schwestern, an denen man unmittelbar nach Ablegen in Sandnessjøen vorbei fährt. Wunderschön erstrahlen sie heute schneeummantelt in der Wintersonne. Ein herrlicher Anblick. Die gesamte Stunde können wir uns nicht von dieser Szenerie lösen, auch weil die darüber stehende Sonne uns einen Halo beschert. Ein Kreis aus Licht umringt unseren Stern und das passiert immer dann, wenn die Luft viele Eiskristalle enthält, durch die das Licht der Sonne sich bricht. Besonders im Winter kommt diese Himmelserscheinung häufig vor.

Auch in Brønnøysund am Nachmittag genießen wir im Hafen das sonnige Winterwetter und gönnen uns trotz eisiger Kälte das berühmte Softeis im kleinen Kiosk direkt am Kai. Im Grunde ist es ganz gewöhnliches Softeis des Herstellers Henning-Olsen und genau genommen gibt es dieses Eis an so ziemlich jedem Kiosk in Norwegen. Aber irgendwann wurde in die Welt gesetzt, dass es hier besser ist als anderswo. Egal, wir genießen es. Ein paar unserer Gäste sind unbändige Lakritzfans und da ist man ja in Norwegen genau richtig. Ich persönlich bekomme schon allein durch das Wort Schüttelfrost. Jedenfalls gibt es in besagtem Kiosk natürlich auch Lakritzeis und einige bestellen eine XXL-Portion. Und während wir draußen unser Eis schlecken, befinden auch die Gäste, dass die Optik an gefrorenes Schweröl erinnert, aber die Hauptsache ist ja, dass es schmeckt. Das gefrorene Schweröl wird unser running Gag bis zum Ende der Tour.

Nachdem wir am Abend Rørvik verlassen haben, machen wir um 23 Uhr Feierabend für heute und kaum, dass wir alle bettfein sind, gibt es eine Durchsage. Nordlichtalarm. Wie bitte? Wir sind hinter Rørvik, der Polarkreis ist nach Süden überschritten. Nicht, dass es nicht grundsätzlich möglich ist, auch in deutlich südlicheren Gebieten als der Polarregion Nordlicht zu sehen, aber konnte das grüne Feuerwerk nicht kommen, als wir uns noch deutlich weiter nördlich aufgehalten haben? Sicher, wir hatten ja ein paarmal das Vergnügen, aber der große Wurf wie auf vergangenen Touren war eben nicht dabei. Wir hüllen uns also alle wieder in unsere tausend Schichten Winterkleidung und nach zehn Minuten hat sich eine ansehnliche Menge von Gästen auf Deck sieben am Heck versammelt. Da wir so weit südlich sind, müssen wir nach Norden blicken um die tanzenden Schleier auszumachen, demzufolge also hinter uns. Aber es tritt das ein, was wir befürchtet haben: das Nordlicht tanzt so weit im Norden, dass für uns nicht mehr als ein statischer grüner Streifen am Horizont bleibt. Zum heulen. Noch mehr zum heulen wird uns morgen sein, wenn uns die Kollegen auf den anderen Schiffen, die sich weiter nördlich befinden, ihre Bilder schicken. Ein grünes Feuerwerk. Es bleibt dabei, die Natur bestimmt uns, nicht wir sie!

MS Kong Harald, 30. Januar 2020

Was für ein herrlicher Wintersonnenaufgang in Trondheim heute morgen. Das atemberaubende Licht hat noch einmal viele Gäste in die Stadt gezogen, so dass das Schiff wie ausgestorben ist, während wir am Kai liegen. Bis zur Innenstadt gehe ich heute nicht, aber ich mache einen Spaziergang zu Leif Eriksson, dem isländischen Entdecker, der auf seinem Sockel zur kleinen Insel

Munkholmen schaut, die in der Vergangenheit mal als Kloster, mal als Festung und auch als Gefängnis genutzt wurde. Die Statue befindet sich unweit des Hurtigrutenkais direkt am Pirpadet, dem Hallenbad von Trondheim, und sie ist ein wunderschönes Fotomotiv, vor allem heute, wo sie im gelben Licht der aufgehenden Sonne erstrahlt. Auch im Schnellbootterminal gleich nebenan liegt über den Schiffchen noch die winterliche Morgenruhe. Es scheint, als ob alles noch schläft.

Bei der Ausfahrt aus Trondheim begegnen wir der MS Richard With. Es wird fleißig gehornt, gewunken und gepfiffen. Ungewöhnlich viele Gäste sind auf beiden Schiffen draußen an Deck und freuen sich daran, das jeweilige Gegenschiff in diesem fabelhaften Licht zu fotografieren. Wir seufzen ein wenig und sind ein ganz kleines bisschen neidisch darauf, dass die Gäste der Richard With fast die ganze Reise noch vor sich haben und wir schon beinahe am Ende der Tour sind. Wenigstens aber haben wir noch Kristiansund und Molde vor uns und den Aufenthalt dort kosten wir auch aus, zumal sich das sonnige Winterwetter bis zum Abend hält.

Nach dem Abendessen geht es ans Koffer packen und die meisten legen sich gegen 22 Uhr schlafen. Es ist bereits schnarchorientierte Ruhe im Schiff als wir die Durchsage hören: Nordlicht. Wie bitte? Wir haben Tag elf, wir sind südlich von Molde auf dem Weg nach Ålesund. Will uns das Nordlicht heute schon wieder ärgern? Natürlich ziehen wir uns auch jetzt alle wieder an und stürmen auf Deck sieben. Und ganz weit weg, ganz am Horizont wabert etwas Grünes, das selbst unsere Kameras nur noch schwer als grün identifizieren können. Es dauert nicht lange und wie gestern erreichen uns die ersten Bilder unserer Kollegen, die weiter nördlich unterwegs sind. Das tut echt weh. Wir halten mit unseren Gästen einen Abschluss-Schwatz im Multecafé. Auf dieser Tour waren wir nicht zur richtigen Zeit am richtigen Ort. Das ganz große Feuerwerk, es sollte nicht sein.

MS Kong Harald 31. Januar 2020

Ausstiegstag. Schon wieder. Wo sind nur die letzten Tage geblieben. Ich erledige die übliche Abreiseroutine. Großen Koffer an den Aufzug setzen, Handgepäck zusammen packen, Kabine putzen. Natürlich erfolgt die Hauptreinigung in Bergen, wenn der Putztrupp an Bord kommt, aber man will ja eine halbwegs ordentliche Kabine übergeben. Nach dem Frühstück suchen wir uns alle einen Platz, von dem man am besten nicht wieder aufsteht. Da das Schiff bis unters Dach ausgebucht ist, ist nach kurzer Zeit jeder Platz belegt und wir finden noch zwei freie Stühle im Multecafé auf Deck sieben. Wir machen uns daran, den Reiseleiterbericht zu schreiben, den wir meist bis zuletzt aufschieben, weil er so lästig ist. Aber Krankheitsfälle, ausgefallene Ausflüge und sonstige besondere Vorkommnisse müssen ja dokumentiert werden. Seit gestern ist eine Gruppe norwegischer Musiker auf dem Schiff und die Jungs und Mädels spielen fleißig auf, um die Gäste zu unterhalten. An sich eine tolle Sache, nur nicht, wenn man sich auf das Schreiben eines Berichts konzentrieren muss. Also packen meine Kollegin und ich kurzerhand unsere Sachen zusammen und machen uns drei Stockwerke tiefer im Konferenzraum breit. Diese Ruhe, herrlich. Kaum sitzen wir dort, fahren wir Achterbahn. Was ist denn nun los? Seegang an Tag zwölf? Die offene Seestrecke haben wir doch bereits hinter uns gelassen. Nun gut, also was neues. Schaukeln kurz vor Bergen, wir liefen ja sonst auch Gefahr, uns zu entwöhnen.

Als wir das Hurtigrutenterminal erreichen, reißt der Himmel seine Schleusen über Bergen auf. Jedoch ist das ja nichts Neues in einer der regenreichsten Städte Europas. Mit den Koffern geht es heute zügig und wenig später sitzen wir im Bus auf dem Weg zum Flughafen. Dort angekommen, führen wir unseren üblichen Kampf mit den Check-In-Automaten der Airlines. Als Reiseleiter sind wir ja im Besitz der Buchungscodes unserer Gäste und sind immer dabei behilflich, die erforderlichen Dokumente für den Flug an den Automaten zu ziehen. Am leichtesten geht es mit Reisepass oder Personalausweis, da mit den Buchungscodes regelmäßiges Chaos herrscht, wenn mehrere Gäste, die im realen Leben aber nicht zusammen gehören, einen gemeinsamen

Buchungscode haben. Heute geht auch mit den amtlichen Dokumenten gar nichts. Immer wieder fragen die Automaten nach der Ticketnummer, die weder wir Reiseleiter noch die Gäste haben, da sie nur auf der Bordkarte vom Hinflug zu finden ist und die haben die meisten Gäste bereits entsorgt. Nach etlichem Hin und Her macht uns ein Flughafenmitarbeiter darauf aufmerksam, dass die Automaten gestern umgestellt wurden und man die Flugdokumente jetzt nur noch mit der Ticketnummer ziehen kann, wenn mehrere Gäste über ein und denselben Buchungscode registriert sind. Vielen Dank. Wer hat sich das jetzt wieder ausgedacht. Wohl oder übel müssen sich also alle in die Schlange am Schalter einreihen. Wir sagen den Gästen, dass sie es mit Humor nehmen sollen. Als die Airline die Schlange abgearbeitet hat, entlassen wir unsere Gruppe in alle Himmelsrichtungen. Gute Heimreise! Meine Kollegin und ich werden noch eine Nacht in Bergen verbringen.

Am Abend im Hotel schaue ich im Internet die News durch, so wie ich es meist nach einer Reise mache. Während der Touren kümmere ich mich nicht ausgiebig darum, was hier und da in der Welt passiert. Sollten die apokalyptischen Reiter auf dem Weg zu mir sein, werde ich es wohl erfahren. Bislang hat die Welt aber immer noch existiert, auch wenn ich vierzehn Tage mal keine Nachrichten geschaut habe. Heute springt mir bei den News gleich ins Auge, dass das neuartige Coronavirus in China zu einem Problem geworden zu sein scheint und manche Länder die Grenze zu China abgeriegelt haben. Gleich dahinter die Meldung, dass auch in Deutschland eine Infektion nachgewiesen wurde. Jemand, der zu Schulungszwecken in China war. „Gott sei Dank ist China weit weg", denke ich da noch. – Es sind noch sechs Wochen bis zur Katastrophe.

Bergen, 01. Februar 2020

Heute geht es auch für meine Kollegin und mich zurück. Ich fliege mit ihr gemeinsam nach Deutschland, da ich dort einige Termine habe, die ich vor der nächsten Tour, die schon in zwei Wochen beginnt, erledigen muss. Die gelben Corona-Warnschilder im Terminal sind mehr geworden. Aber auch jetzt lassen wir uns davon nicht ängstigen. Im Gegenteil: wir rümpfen eher die Nase, ob es denn jetzt unbedingt notwendig ist, alle zwei Meter so ein Schild aufzuhängen. Unser Flug verläuft planmäßig und wir landen in Kopenhagen, wo wir uns jetzt vier Stunden vergnügen dürfen. Lange Umsteigezeiten sind so ziemlich das blödeste, wenn man dauernd mit dem Flugzeug unterwegs ist. Aber natürlich können sich Flugpläne nicht nur nach unseren persönlichen Präferenzen richten. Also machen wir das Beste draus und gönnen uns erst einmal ein Glas Wein in einem der vielen Restaurants. Dabei philosophieren wir über die schöne Reise, die wir hatten, und auf welchen Touren wir denn im Laufe des Jahres noch unterwegs sein werden. Fast keine davon wird mehr stattfinden.

Nachdem wir uns auch mit einem warmen Essen gestärkt haben, gehen wir rüber ins neu eröffnete Terminal für Auslandsflüge. Hier ist so gut wie nichts los, noch nicht alle Gates wurden in Betrieb genommen. Wir sind fast alleine dort. Und während wir da sitzen, schweift unser Blick nach links, dann nach rechts. Dann schauen wir uns an und fangen beinahe an zu lachen. Es ist wie im Film. Corona-Warnschilder an jedem Platz, wo es möglich ist, Schilder anzubringen. Wir Ungläubig schütteln wir den Kopf.

Als ich die Toilette aufsuche, fällt mir dort die Flasche mit Desinfektionsmittel auf, verbunden mit dem Hinweis, man solle sich aufgrund des neuartigen Coronavirus sorgfältig die Hände waschen und desinfizieren. „Ok, wenn das sinnvoll ist", denke ich und leiste der Anweisung Folge. Allerdings frage ich mich, ob man da nicht ein bisschen viel Tamtam um ein Virus macht, mit dem sich gerade mal zwölftausend Menschen irgendwo in China angesteckt haben. Wir hatten gerade noch eine chinesische Gruppe auf dem Schiff. Aber nun gut, an mir soll das mit dem sorgfältigerem Händewaschen nicht scheitern. Das sollte ja für jeden nach dem Besuch der Toilette ein üblicher Vorgang sein, aber wenn es denn noch gründlicher erwünscht ist, bitteschön. Auch als ich das meiner Kollegin erzähle, findet sie es eher befremdlich als nachvollziehbar. Wir haken das Ganze gedanklich ab und wenig später beginnt das Boarding für unseren Flug nach Düsseldorf. Die Tour ist nun endgültig beendet.

Februar 2020

Immer häufiger tauchen in den Nachrichten sowohl in Deutschland als auch in Norwegen Meldungen zum Coronavirus auf. Nun ist es ja seit jeher so, dass sich nur schlechte Nachrichten verkaufen, und so wundert es mich kaum, dass auch jetzt die Medien sich gierig darauf stürzen. Es heißt, dass in China die Anzahl der Infizierten weiter wächst und auch durch die globalisierte Welt der ein oder andere Flugpassagier das Virus in Länder außerhalb Chinas eingeschleppt hat. „Kein Grund zur Besorgnis", denke ich da noch, „die wenigen Infektionen, weltweit gesehen, wird man ja wohl schnell in den Griff bekommen." Ein bisschen beunruhigt mich, dass nun auch auf einem Kreuzfahrtschiff vor Japan Infizierte nachgewiesen wurden und das gesamte Schiff demzufolge unter Quarantäne steht. „Ach was, kein Wunder. Japan ist ja nun auch nicht so weit weg von China, da ist es ja gar nicht so abwegig, dass sich so ein Virus in nächster Nähe auch ein wenig ausbreitet." Das sind meine Gedanken - noch.

Mich erreicht ein Anruf aus Hamburg. Hurtigruten hat vor einiger Zeit die MS Fridtjof Nansen in Dienst gestellt, das zweite Hybridschiff der Hurtigrutenflotte. Da das Schiff früher als geplant fertig wurde, ist es nun auf mehreren Werbefahrten unterwegs. Eine davon ist für den Vertrieb vorgesehen. Auch wenn viele denken, ich sei bei Hurtigruten angestellt, ist das nicht richtig. Ich führe mein eigenes, in Deutschland ansässiges kleines Touristik-Unternehmen und in dieser Eigenschaft führe ich eben auch Aufträge für Hurtigruten aus, zum Beispiel als Reiseleiterin. Gleichzeitig betreibe ich aber auch eine Hurtigruten-Agentur und verhelfe Buchungswilligen zu ihrer Traumreise. Da mein Unternehmen im Jahr 2019 zu den Agenturen in Deutschland mit dem meisten Umsatz gehörte, beglückt mich Hurtigruten heute mit einem Freiticket für die Fahrt der Fridtjof Nansen von Oslo nach Hamburg inklusive Schulungsprogramm. Ich kann mein Glück kaum fassen. Die Fahrt ist vom 28. - 31. März vorgesehen, startet also bereits in fünf Wochen und sie kollidiert mit keiner meiner Touren als Reiseleiterin. Wenig später flattert dann auch das Anmelde-formular ins Haus, man wollte per Anruf erst einmal abklopfen, ob ich überhaupt Zeit habe. Zwischen Koffer packen und Reisevorbereitung für die nächste Tour, die übermorgen startet, fülle ich das Anmeldeformular aus und bin für den Rest des Tages wie beseelt.

Die Februar-Tour - kurz vor der Katastrophe

Bergen, 18. Februar 2020

Ankunft in Bergen. Es ist meine erste „Nordlicht und Sterne" Tour, auf der ich keinen Reiseleiterkollegen dabei habe und nur mit einem Lektor unterwegs bin. Das gesamte Schiff war so schnell ausgebucht, dass kein Kontingent mehr übrig blieb, um unsere übliche Anzahl Gäste in die Gruppe aufzunehmen. Auch dieses mal bin ich einen Tag vor unseren Gästen angereist und Bergen empfängt mich mit strahlendem Sonnenschein. Wie immer laufe ich rüber zum Clarion Airport Hotel, aber die Dame an der Rezeption kann meine Buchung nicht finden. Das Zauberwort Hurtigruten reicht in der Regel aus um uns im Reservierungssystem ausfindig zu machen. Heute nicht.

Nach einigem Suchen stelle ich fest, dass ich im falschen Hotel bin. In sechs Jahren als Reiseleiterin hat mich Hurtigruten immer in diesem Hotel untergebracht und bei der Durchsicht der Unterlagen habe ich demzufolge nicht auf den Namen des Hotels geachtet. Kein Wunder, dass man die Buchung hier nicht findet. Also laufe ich rüber zum Comfort-Hotel, in dem ich gebucht bin. Gott sei Dank ist hier am Flughafen ja alles fußläufig und ausnahmsweise regnet es ja heute nicht. Im zweiten Hotel findet man meine Buchung sofort und ich checke ein. Auf dem Weg zum Aufzug fällt mir wieder ein Schild auf: Achtung Coronavirus. Die Warnungen sind offensichtlich jetzt auch in den Hotels angekommen. Zum ersten Mal spüre ich instinktiv die Gefahr, aber ich kann zu diesem Zeitpunkt noch nicht erfassen, wie sich mein Berufsleben verändern wird, auch nicht, dass bald meine gesamte Existenz auf dem Spiel stehen wird. Ich vermute, dass wir wohl in Zukunft mit sorgfältigerer Hygiene leben müssen. Ein paar Monate, vielleicht ein halbes Jahr. - Es sind noch drei Wochen bis zur Katastrophe.

Bergen, 19. Februar 2020

Die neuen Gäste kommen. Aber zunächst reist mein Lektoren-Kollege an. Im Hotel packe ich meine Sachen zusammen und warte in der Ankunftshalle, bis mein Kollege gelandet ist. Auf Touren mit ihm freue ich mich immer ganz besonders, weil wir beide die gleiche Leidenschaft für unseren Job teilen und es uns deshalb meistens gelingt, die Gäste mit dieser Leidenschaft anzustecken. Nach der Ankunft umarmen wir uns herzlich. Bis zur Ankunft der Gäste sind es noch gut zwei Stunden und so plaudern wir bei Kaffee und Kuchen über dies und das und freuen uns auf unsere Gruppe. Die landet wenig später pünktlich und sogar die Koffer sind alle mitgekommen. Dazu das fabelhafte Wetter. Wir schauen in glückliche Gästeaugen.

Zügig machen wir uns auf den Weg in die Stadt und drehen unsere Runde vorbei an allen wichtigen Sehenswürdigkeiten bis uns der Bus am Hurtigrutenterminal absetzt. Auch hier gibt es herzliche Umarmungen, so wie das immer ist, wenn wir Reiseleiter und Lektoren nach kurzer Abwesenheit wieder hierhin zurück kehren. Es werden die letzten Umarmungen sein. Wir teilen die Bordkarten an die Gäste aus und alle freuen sich darauf, jetzt unser Schiff, die MS Richard With, zu erkunden und für das erste Abendessen im Restaurant Platz zu nehmen. Mein Kollege und ich schauen zuerst beim Expeditionsteam vorbei, sagen „hallo", sprechen Vortragstermine ab und schütteln Hände am Rezeptions-Tresen. Schön, sich wieder zu sehen. Wir hängen unseren Gruppen-Aushang auf, auf dem wir die Gäste über unsere Gruppenveranstaltungen und allerhand zur Strecke informieren. Es erfolgt die Sicherheitsübung und wir beantworten alle Fragen der Gäste, die sich in diesen Minuten so ansammeln. Mich überkommt das Gefühl wie wunderbar es ist, hier arbeiten zu dürfen. Nicht, dass ich das nicht schon seit sechs Jahren denke, eben seitdem ich bei Hurtigruten Reiseleiterin bin, aber heute ist es möglicherweise eine instinktive Warnung des Unterbewusstseins, dankbarer denn je zu sein, und jeden Moment des Jobs noch mehr auszukosten als sonst.

Bevor wir ablegen, opfern mein Kollege und ich eine Dose Heineken Bier. Dieser Spleen hat vor etlichen Touren begonnen und wir bilden uns ein, dass wir damit Njord, den nordischen

Gott der Winde und der See, beschwören können, uns fabelhafte Nordlichtbedingungen und natürlich das Nordlicht selbst auf der Tour zu bescheren. Außerdem ist die Heineken Dose grün, bestimmt nur deshalb, weil sie für Nordlichtopfer vorgesehen ist und dafür konzipiert wurde. Es zischt und wenig später ist der Fjord um 200ml Heineken reicher, den letzten Schluck trinken wir selbst. Das Nordlicht kann kommen.

Um 21:30 Uhr legen wir wie immer ab. Es ist so eisig kalt, dass es kaum auszuhalten ist, aber die Askøybrücke sieht so schön aus mit ihrer nächtlichen Beleuchtung, dass weder unsere Gäste noch wir uns ins Schiffsinnere begeben wollen. Lautlos gleiten wir unter der Brücke durch und sehen, wie sie ganz langsam immer kleiner wird. Was für ein schöner Tagesabschluss.

MS Richard With, 20. Februar 2020

Kaum hat die Tour so richtig begonnen, erfreut uns der Himmel mit einem Regentag. Aber wir haben das Bier ja auch gestern für ideale Nordlichtbedingungen geopfert und in diesen Breitengraden sind wir noch nicht. Trotzdem drehen wir eine Runde durch Ålesund. Allein schon deshalb, weil jetzt, Ende Februar, wieder eine ordentliche Tageslänge zu verzeichnen ist und wir zum ersten Tourfilm des Jahres starten. Den mache ich auf all meinen Reisen, die außerhalb der Polarnacht stattfinden, und unsere Gäste haben so eine bleibende Erinnerung ihrer Tour. Beim Abschlusscocktail werden wir den Film den Gästen präsentieren. Für gewöhnlich haben wir auch, wann immer es geht, eine Drohne dabei. Diesmal nicht, denn meine ist wegen eines Absturzes in Reparatur und mein Kollege hat seine erst letzte Woche ungewollt in ihre Einzelteile zerlegt. Diesmal filmen wir also nur am Boden.

Am Sund, dem Ålesund seinen Namen verdankt, machen wir Filmclips aus verschiedenen Perspektiven und auch die ersten Aufnahmen von den Gästen. In den ersten Tagen bin ich damit immer etwas zurückhaltend, da die Gäste ja nicht wissen, was wir mit den Aufnahmen vor haben. Es soll ja schließlich eine Überraschung sein. Heute Abend beim Begrüßungscocktail werden wir ihnen die Hemmungen nehmen sich filmen zu lassen, indem wir ihnen den Ausblick auf die Überraschung geben ohne zu viel zu verraten. Wir stellen immer wieder fest, dass viele Gäste während der Tour regelrechten Spaß daran entwickeln, vor der Kamera aktiv zu sein.

Und auch Ålesund selbst präsentiert sich äußerst fotogen mit seinen Jugendstilbauten, die nach dem großen Stadtbrand 1904 aus einem Guss entstanden. Der norwegische Jugendstil ist weniger geprägt durch die bombastischen Bauten vergleichbarer Jugendstilstädte, sondern kommt vielmehr klein und beschaulich, ja geradezu gemütlich daher. Wie eine Miniausgabe des mitteleuropäischen Jugendstils sozusagen. Das macht den Charme von Ålesund aus. Die schmucken Häuschen drängeln sich rund um den Sund und auch in der Fußgängerzone reiht sich ein Art Nouveau Bauwerk an das andere. Da wir uns ja noch im Winterfahrplan befinden, kosten wir die knapp vier Stunden Liegezeit voll aus, auch wenn das Wetter heute eher unter der Kategorie ungemütlich abzuhaken ist, nasskalt. Gut, dass es gegenüber dem Jugendstilcenter, das in einer alten Apotheke untergebracht ist, beheizte Sitzbänke gibt. Da sie den ganzen Winter über wohlig warm sind, halten sich auch Regen und Nässe auf ihnen nur kurzzeitig. Also hinsetzen, den Blick auf die Stadt genießen und sich dabei den Popo wärmen lassen.

Am Nachmittag wechselt das Schauerwetter zu Dauerregenwetter. Das macht unseren Plan zunichte, heute endlich einmal die Bar des Seilet Hotels zu erkunden. Seit der neue Fahrplan in Kraft getreten ist, ist auch in Molde der Aufenthalt deutlich länger geworden, zumindest wenn man zwischen November und März unterwegs ist. Allerdings ist es vom Hurtigrutenkai ein gutes Stück zu laufen bis man das Hotel erreicht. Im Schütteregen heute? Nein. Das Vorhaben muss bis zur nächsten Tour warten. Wir beschränken uns darauf, nur schnell im Supermarkt vorbei zu schauen und selbst nach diesem kleinen Ausflug sind wir nass bis auf die Haut. Als wir zurück auf dem Schiff sind, müssen wir uns erst einmal trocken legen.

MS Richard With, 21. Februar 2020

Die Sonne lacht vom Himmel. Dazu ist es windstill. Ideales Drohnen-Flugwetter. Ach ja, unsere Drohnen sind ja im Moment in Behandlung beim Drohnendoktor. Murphys law. So ist es ja immer. Hat man die Drohne dabei, windet es unaufhörlich, so dass kein Flug möglich ist. Liegt sie zu Hause, darf man sich über bestes Flugwetter freuen. Was soll's. Einige Gäste unserer Gruppe, die keinen Ausflug gebucht haben, schließen sich uns zum Rundgang durch Trondheim an. Wir erkunden das alte Werftgelände und gehen entlang des Kanalhafens ins alte Arbeiterviertel Bakklandet. Auf jeder Tour liebe ich es hier durch zu schlendern, die alten Hinkelsteingassen, die bunten Häuschen und niedlichen Cafés sind einfach zu schön. Auch die Gäste finden es herrlich. Auf der alten Stadtbrücke animieren wir heute alle Paare, sich filmreif vor der Kulisse des Kanalhafens zu küssen. Das ist eine Tradition hier und nachdem wir den Gästen gestern auf unserem Begrüßungscocktail eine Überraschung zum Schluss der Reise versprochen haben, spielen alle fleißig mit. Wie auf fast jeder Tour sind wir bereits nach kurzer Zeit eine eingeschworene Truppe und haben das Gefühl, uns alle seit Jahren zu kennen. Nach unserer kleinen Lehrvorstellung in Filmkusskunst gehen wir weiter zum Nidarosdom. Dort betrachten wir die vielen Figuren, die in seine Front eingebettet sind und teilweise von berühmten Bildhauern geschaffen wurden wie zum Beispiel Gustav Vigeland. Im Mittelalter war es durchaus üblich, bei Statuen die Gesichter nach lebenden Vorbildern zu formen, eine Methode, der man sich auch im 20. Jahrhundert beim Wiederaufbau der Westfassade bediente. Die Darstellung des Erzengels Michael weist eine erstaunliche Ähnlichkeit mit dem Musiker Bob Dylan auf. Man erzählt sich, dass der Bildhauer Dylan für seine Verdienste um den Widerstand gegen Atomwaffen hier verewigen wollte. Für jede der neu geschaffenen 57 Figuren wurden achtzehn Monate benötig. Wen wundert es da, dass der gesamte Wiederaufbau des Doms sich über Jahrhunderte erstreckte.

Am Abend vor Rørvik sind wir zurück im Schaukelmodus auf der offenen Seestrecke Folda, allerdings viel moderater als angesagt. Wird es die dritte Sturmfahrt in diesem Jahr? Bitte nicht. Dass die Stürme sich so hartnäckig an der Küste halten, war bereits im letzten Jahr eine Nervenprobe für alle Schiffe und auch dieses Jahr sieht es danach aus, dass wir uns mit immer mehr Orkanen abfinden müssen. Es wird Zeit, dass das Frühjahr anbricht und das unberechenbare Wetter ein wenig in die Schranken weist. Für heute entgehen wir aber den Launen des Atlantik. Er hat die Güte, in den zwei Stunden, in denen wir ungeschützt vor ihm sind, ein Abendschläfchen einzulegen.

MS Richard With, 22. Februar 2020

7:33 Uhr. Wir passieren den Polarkreis und zum ersten Mal dieses Jahr ist es schon hell, als wir vorbei fahren. Zwar ist es noch kein Vergleich mit der Helligkeit, die in ein paar Wochen vorherrschen wird, aber man spürt bereits, dass es in punkto Tageslänge aufwärts geht. Ich bin schon früh an Deck um Fotos zu machen, denn die Wolkenstimmung heute Morgen ist atemberaubend und auch viele Gäste treffe ich bereits draußen. Auch als wir wenig später Ørnes passieren, unseren ersten Hafen nördlich des Polarkreises, kann sich fast niemand von dem entzückenden Anblick lösen. Um die Landschaft zu genießen, braucht es keinen blauen Himmel, im Gegenteil: erst das raue, arktische Wetter macht deutlich, in welcher geografischen Zone wir uns bewegen. Die Natur zeigt uns hier, dass sie stets der Herrscher bleibt und wir Menschen uns ihr fügen müssen. Aber wenn man sich darauf einlässt, löst genau das besondere Emotionen aus, die einen sogar bereichern.

Auch bei der Polartaufe wenig später haben sich viele eingefunden um sich die Kelle Eiswasser abzuholen. Schließlich soll sie ja auch Njord besänftigen, der uns hoffentlich dadurch möglichst wenig Seegang schickt. Ich war längere Zeit bei dem Event nicht mehr anwesend, da wir Reiseleiter immer Gefahr laufen, am Schluss den ganzen Eimer abzubekommen. Ich mache ja für gewöhnlich fast jeden Spaß mit und wurde auch schon dreimal mit der Extradusche beglückt, aber heute will ich dieser außerordentlichen Erfrischung entgehen, da ich schon seit einigen Tagen mit einer Erkältung kämpfe. Ich halte mich also vorsorglich im Hintergrund und verschwinde, bevor die letzten taufwilligen Gäste sich erfrischt haben.

Bis zur Ankunft in Bodø sind wir fast ununterbrochen draußen, da sich Sonne und Dramawolken in regelmäßigem Turnus abwechseln, ein Fest nicht nur für die Fotografiebegeisterten. Gerade die letzte halbe Stunde, bevor man Bodø erreicht, ist landschaftlich besonders reizvoll. An den vorgelagerten Holmen und Inselchen brechen sich heute die Wellen, die Wolken schmiegen sich um die Berggipfel und die Strahlen der Sonne scheinen zeitweilig sichtbar durch die Wolkenformationen hindurch. Was für eine Kulisse.

Nach der Abfahrt in Bodø sind wir gespannt auf den Vestfjord. Die offene Seestrecke führt vom norwegischen Festland zu den Lofoten-Inseln und kann zuweilen ungemütlich werden. Auch heute vermeldet der Wetterbericht starken Wind aus einer für uns ungünstigen Richtung. Schon als wir den Leuchtturm von Landegode passieren hat der Wind so an Stärke gewonnen, dass es unmöglich ist, sich am Bug aufzuhalten. Aber auch steuerbord und backbord wird es so ungemütlich, dass wir uns lieber nach drinnen begeben, wo es schön warm und vor allem windstill ist. Bereits nach kurzer Zeit tanzen die Drehstühle auf Deck vier wieder ihren Geistertanz, indem sie sich hin und her bewegen. Nur noch wenige Gäste halten sich in den öffentlichen Bereichen auf, viele haben sich auf ihre Kabine zurück gezogen. Mein Kollege und ich halten die Stellung und arbeiten an Tourfilm und Vorträgen. Ich persönlich kann die Schaukelei sowieso am besten in sitzender Position aushalten, während es für die meisten liegend angenehmer ist. Je weiter wir auf den Vestfjord hinaus fahren, umso schaukeliger wird es. Die Aufzüge sind außer Betrieb, die Aussendecks sind geschlossen. Kein Wunder, dass kaum noch jemand im Schiff zu sehen ist. Auch beim Abendessen ist es deutlich leerer im Restaurant als sonst. Bei vielen fällt die Entscheidung zugunsten von Salzcrackern aus, die sich auch fabelhaft auf der Kabine essen lassen.

Erst in Stamsund ist der Spuk vorbei, aber die Wolkendecke hält sich weiter hartnäckig. Wir haben die Nordlichtzone erreicht, aber die Chancen, dass uns in dieser Hinsicht heute gleich Glück beschieden ist, gehen gen null. Na, macht nichts. Noch sind genug Tage übrig, in denen wir uns in geographischen Nordlichtbreiten aufhalten.

MS Richard With, 23. Februar 2020

Neuer Tag, neue Nordlichtchance. Erst einmal aber verbringen wir den Nachmittag in Tromsø und dieser Aufenthalt ist heute besonders spannend, da ein neuer Ausflug in den Startlöchern steht, für den unser Schiff heute Versuchskaninchen spielt. Er findet zum ersten Mal als Testlauf statt, um herauszufinden, wie er ankommt.

Das hochmoderne Elektro-Boot bringt die Teilnehmer zunächst dorthin, wo im zweiten Weltkrieg die Tirpitz gesunken ist, eines der Schlachtschiffe der deutschen Kriegsmarine. Bis heute ist sie das größte, jemals in Europa fertig gestellte Schlachtschiff. Dabei war sie den größten Teil ihrer Dienstzeit als Präsenzschiff vor Tromsø stationiert und wurde 1944 durch einen Luftangriff der Royal Air Force zum kentern gebracht und danach teils wiederverwertet, teils ausgeschlachtet. Die Überreste der Tirpitz dienen nach gescheiterten Bergungsversuchen heute als Ziel für Taucher und stehen unter Denkmalschutz.

Da man sich für gewöhnlich mit einem Ausflugsboot auf der Wasseroberfläche befindet und nicht jeder eine Taucher-ausrüstung zur Hand hat, hat sich der Ausflugsveranstalter etwas Besonderes ausgedacht. Per Tauchroboter, der vom Ausflugsboot aus gesteuert wird, können die Teilnehmer das Schiff trotzdem erkunden und zwar per Bildschirm, an den die Aufnahmen des Tauchroboters übertragen werden. Faszinierend.

Nur zehn Gäste und ein paar Crew-Mitglieder sind bei dieser Probefahrt dabei, eine heimelige Atmosphäre, die alle in Begeisterung ausbrechen lässt. Für die zusätzliche Gemütlichkeit sorgen Toasts mit geräuchertem Heilbutt und Wodka. Der ein oder andere ist in angeheiterter Stimmung, als das Boot wieder in Tromsø anlegt und die Teilnehmer von Bord lässt.

Nach dem Abendessen checken wir wieder die Wolken-vorhersage, unbefriedigend. Wir animieren die Gäste, die sich noch nicht um ihre Kameraeinstellungen für die Nordlicht-fotografie gekümmert haben, es jetzt zu tun. Auch wenn die Prognose für heute Abend eher ungünstig aussieht, ist es besser, wenn bereits vor dem Nordlicht alles eingestellt ist oder man zumindest weiß, welche Kameraeinstellungen entscheidend sind. Immer wieder erleben wir, dass wir in völliger Dunkelheit mit den Gästen draußen stehen und kaum ist das Nordlicht da, wollen manche wissen, wie denn nun die Kamera einzustellen ist. Zum Haare raufen. Im Zweifelsfall schaffen wir das bei den Fabrikaten, mit denen wir selber fotografieren, auch im Dunkeln, aber jeder Hersteller pflegt seine Einstellungsmodi an anderer Stelle im Kameramenü zu verstecken, so dass auch wir Reiseleiter und Lektoren uns teilweise erst damit auseinander-setzen müssen. Wir sitzen bald in lustiger Runde mit unseren Gästen und einem Querschnitt des in Deutschland erhältlichen Technikangebots auf den Tischen, fachsimpelnd darüber, wie man das Nordlicht eindrucksvoll fotografisch festhält.

Bei aller Faszination für gute Fotos erinnern wir die Gäste aber auch stets daran, dass herausragende Fotos nicht alles sind, sondern entscheidend ist, dieses unglaubliche Naturphänomen vor allem mit den Augen zu genießen und damit mit dem Herzen. Kein Foto kann die Emotionen ersetzen, die man fühlt, wenn man zum ersten mal die Aurora tanzen sieht. Auch ich erinnere mich bis heute an diesen ersten Moment, als ich meine beste Freundin an der Hustadvika besuchte, einer Gegend, in der das Nordlicht zu den nicht ganz so häufigen Erscheinungen zählt, da die Region südlich des Polarkreises liegt und dort nur bei entsprechender Sonnenaktivität die grünen Schleier tanzen. Und eigentlich wollte ich damals nur eine Flasche Wein ins Haus holen, die wir in den Schneemassen draußen gekühlt haben. Ein zufälliger Blick in den Himmel und ich sah zum ersten Mal das Nordlicht tanzen. Für mich bis heute ein unvergesslicher Moment.

Heute bleibt es allerdings wieder nur bei der Theorie, der Wolkenhimmel reißt nicht auf und wir hoffen auf morgen.

MS Richard With, 24. Februar 2020

Kurs Honningsvåg. Mit meinem Kollegen stehe ich draußen am Bug. Will man heute von backbord oder steuerbord dorthin gelangen, muss man schon Kraft aufwenden und so ziemlich alles festhalten, was nicht am Körper festgetackert oder durch Reißverschlüsse gesichert ist. Wir sind dann auch die einzigen, die am Bug stehen. Eisig kalt ist es. Die meisten sind wohl schon dabei in ihrer Kabine die tausend Schichten Winterkleidung anzuziehen, die heute bestimmt am Nordkapp unerlässlich ist. Aber so ist das im Winter am Nordkapp, der Wind pfeift über das Plateau hinweg, kaum mehr als ein paar Fotos kann man schießen, bevor die Finger zu einer Art Frostklumpen verschmelzen. Aber gerade das macht auch den Reiz des Nordkapps im Winter aus. Die Kraft der Natur zu spüren und sich in sie zu ergeben.

Es ist heute nach langer Zeit das erste Mal, dass ich den Ausflug zum Nordkapp nicht begleite, deshalb freue ich mich ganz besonders, in Honningsvåg einen kleinen Spaziergang einzulegen. Auch mein Kollege und einige Gäste unserer Gruppe sind mit von der Partie. Als wir in Honningsvåg anlegen, gibt es Probleme mit der Gangway, sie will sich einfach nicht entfalten. Das Problem hatten wir wiederholt in den letzten Tagen, aber nach einigen Versuchen ließ sie sich dann doch immer herunterfahren. Heute nicht. Damit sich der Ausstieg nicht zu lange verzögert, nutzen wir kurzerhand das Autodeck und werden mit dem Autoaufzug so weit hochbugsiert, dass wir das Schiff verlassen können. Während die meisten sich zu den Ausflugsbussen begeben, machen wir uns auf den Weg das Hafenbecken zu umrunden. Eine sportliche Aufgabe heute, denn wir sind im Winterwonderland und der Schnee türmt sich teilweise hüfthoch. Allerfeinster Pulverschnee. Ungestüm wie Kinder formen wir Schneebälle, bewerfen uns damit und bauen einen Schneemann. Auch die Gäste machen fleißig mit. Die meisten sind diese Schneemassen von Deutschland ja nicht mehr gewohnt und so genießen alle die herrlich weiße Winterpracht.

Wir stapfen weiter zur Kirche, die mit ihrem weißen Anstrich fast nicht vom Schnee zu unterscheiden ist. Das Gebäude ist das einzige, zusammen mit der Grabkapelle, das bei der Zerstörung der Stadt im zweiten Weltkrieg verschont wurde. Als 1945 die ersten Bewohner nach Honningsvåg zurückkehrten, richteten sie sich in der Kirche häuslich ein bis die ersten Häuser wieder aufgebaut waren. Danach nutzte man sie als Speisesaal und an Weihnachten 1945 übergab man die Kirche wieder ihrem ursprünglichen Zweck. Erst ein einziges Mal hatte ich das Glück, dass ich sie auch von innen sehen durfte, heute sind ihre Türen verschlossen und wir müssen uns mit dem Anblick von außen begnügen.

Auf dem Rückweg zum Schiff gehen wir noch bei Bamse vorbei, dem Bernhardiner, der während des zweiten Weltkrieges auf einem Schiff der norwegischen Marine eingesetzt und dort sogar als offizielles Besatzungsmitglied eingetragen war. Seitdem erzählt man sich in Honningsvåg die Geschichten von Bamse, darunter die, wie er Streit unter Seeleuten zu schlichten vermochte, indem er seine Pfoten auf die Schulter der Streitenden legte, oder wie er Mannschaftsmitglieder mit dem Bus vom Landgang abholte. Bamse verfügte sogar über ein eigenes Busticket, das er am Halsband trug. Als der Bernhardiner 1944 starb, wurde er mit allen militärischen Ehren im britischen Montrose beerdigt, dem Hafen, in dem auch sein Schiff zeitweise stationiert war. Auch in Montrose wurde eine Statue von Bamse errichtet, die in Richtung Honningsvåg blickt. Dementsprechend blickt seine Statue in Honningsvåg nach Montrose.

Wir sind gespannt, was die Barentssee heute zu bieten hat, auf den letzten beiden Touren haben wir hier ja einiges erlebt. Aber sie weiß sich diesmal zurückzuhalten. Zwar schaukeln wir uns voran, aber alle sind in der Lage beim abendlichen Buffet unfallfrei ihr Essen vom Buffet zu holen. Nach selbigem gibt es dann auch Nordlichtalarm. Aufgrund des stärker werdenden Seegangs lasse ich meine Kamera in der Kabine und beschließe, einmal nur mit den Augen zu genießen. Bei dem „auf" und „ab" ist heute sowieso kein scharfes Bild möglich. Die meisten halten es ebenfalls so, zumal die Vorstellung nicht nur kurz, sondern auch schwach ist. Aber noch sind wir entspannt, denn ein paar Tage im Nordlichtoval bleiben uns noch.

MS Richard With, 25. Februar 2020

Wieder sind wir am Wendepunkt. Dicke Eisschollen schwimmen auf dem Varangerfjord. Das ist zu dieser Jahreszeit nichts Ungewöhnliches, da in Kirkenes der Golfstrom nicht mehr greift und dadurch der Hafen der einzige an der Strecke ist, der im Winter zufriert. Kleine Eisbrecher sorgen dafür, die Eisschollen zu zerteilen, damit größere Schiffe gefahrlos in das Hafenbecken fahren können. Das Thermometer zeigt heut minus fünfzehn Grad und damit ist es wieder deutlich kälter geworden als es noch bei der letzten Tour in Kirkenes war. In den vergangenen Jahren waren hier auch minus dreißig Grad und noch kältere Temperaturen keine Seltenheit, aber dieses Jahr ist es viel zu warm. Das wirkt sich auch auf die Ausflüge aus, denn der Schnee hat sich vielerorts in Matsch verwandelt und auch der Fjord, auf dem die Schneemobiltouren stattfinden, hat erst seit ein paar Tagen wieder eine tragfähige Eisschicht. Verkehrte Welt. Heute kann also im Gegensatz zur letzten Tour alles stattfinden.

Während die Gäste zu den Ausflügen starten, mache ich mich mit meinem Kollegen auf den Weg in die Stadt. Beine vertreten.

Auf dem Marktplatz stoßen wir auf eine Attraktion. Der Schnee wurde hier zu einem Berg aufgetürmt. Eine Treppe aus Eis wurde hineingeschlagen, die an einer kleinen Aussichtsplattform endet. Ok, über die Qualität der Aussicht lässt sich durchaus streiten, aber darauf kommt es in diesem Fall nicht an. Auf der anderen Seite wurde eine Rutsche aus Eis geformt und wir lassen uns natürlich nicht zweimal sagen, das Ganze auszuprobieren. Wie die Kinder tollen wir im Schnee herum und verbringen den Großteil der Zeit damit, die Treppe hinauf zu steigen und auf der anderen Seite den Berg wieder herunter zu rutschen. Was für ein Spaß. Kirkenes rockt heute!

Wenig später sind wir wieder südgehend. Jetzt könnte es langsam mal etwas mit dem Nordlicht werden. Wo wir an Tag fünf noch relaxt sind, was Lady Aurora betrifft, werden wir umso nervöser, je weiter die Tour fortschreitet. Gerade bei den „Nordlicht und Sterne" Themenreisen. Vielleicht haben wir heute Abend endlich Glück. Davor liegt aber noch der Halt in Vardø. Ob das heute was wird? Bislang habe ich hier ja im Jahr 2020 noch nicht angelegt, immer hat uns der Sturm einen Strich durch die Rechnung gemacht. Und auch jetzt sind wir schon wieder mit erheblicher Verspätung unterwegs, da wir bereits im Varangerfjord mit dem Gegenwind kämpfen. Immerhin hält sich der Seegang einigermaßen in Grenzen.

Ich überlege, die Reiseleiter-Winterwette wieder ins Leben zu rufen, ob wir Vardø auslassen. Das haben wir vor ein paar Jahren schon einmal auf den Winterreisen gemacht, als es ebenfalls kaum eine Tour möglich war, hier anzulegen. Und es kommt wie so oft im Winter. Zwar legen wir an, aber so spät, dass es zum Aussteigen nicht reicht. Klappe runter, Waren einladen, Klappe zu. Weiter geht's. Diesen Winter also ohne Vardø. „Dann werde ich diese Stadt eben erst im Frühling wieder betreten", denke ich da noch. Es wird noch viel später sein, wie sich bald herausstellen wird.

Auch unsere Nordlichthoffnung löst sich am Abend in Luft auf. Wir schaukeln fröhlich durch die Barentssee, Tabletten gegen Seekrankheit stehen hoch im Kurs und der Himmel hat den Wolkenvorhang zugezogen. Wir hoffen wieder einmal auf morgen.

MS Richard With, 26. Februar 2020

Was für ein Sonnenaufgang. Wir sind in Havøysund, der Enge bei der Meeresinsel. So jedenfalls lautet die wörtliche Übersetzung für den Namen des Örtchens. Die umliegenden Berge präsentieren sich schneeumhüllt und die aufgehende Sonne taucht alles in die schönsten Farben. Ich positioniere mich am Heck, denn ich will Fotos machen von der MS Trollfjord, die wir hinter Havøysund treffen werden. Dass es arktisch kalt ist, sieht man auch an den Jacuzzis auf Deck sechs. Dicke Eiszapfen haben sich an ihnen gebildet. Der arktische Winter zeigt sich von seiner besten Seite und vertreibt auch innerhalb von ein paar Minuten jede Müdigkeit, denn die Winterluft ist der ultimative Wach-Mach-Turbo. Die MS Trollfjord begegnet uns im allerfeinsten Fotolicht und gleitet vor der Kulisse des nördlichsten Windparks der Welt fast lautlos an uns vorbei. Mit Ausnahme des obligatorischen Hornens natürlich. Auch heute haben sich die Schiffe viel zu erzählen und hornen munter hin und her. Wir hoffen, dass das Wetter sich weiter so hält, denn heute Abend werden wir zurück sein im Gebiet zwischen Skjervøy und Tromsø, der Garantiezone für Nordlicht - hoffen wir. An Tag acht wird es jetzt langsam Zeit für eine Vorstellung in grün - und zwar eine richtige.

Aber erst einmal kommen wir nach Hammerfest und in diesem fabelhaften arktischen Winterwetter lässt sich niemand zweimal sagen das Schiff zu verlassen. Aufgrund der Schneemassen ist der Zick-Zack-Weg auf den Aussichtspunkt Salen gesperrt. Wir haben das bereits befürchtet als uns vor dem Anlegen diesmal außergewöhnlich viele Gäste fragen, wo denn dieser fabelhafte Aussichtspunkt sei. Auch wir haben erwägt hinauf zu gehen, wenn der Weg einigermaßen passierbar ist. Aber erwartungsgemäß ist er gesperrt. Man sieht kaum das Hinweisschild, so hoch liegt der Schnee. Wir begnügen uns also mit einer Runde durch Hammerfest. Hafen, Eisbärenpavillon, Kirche. So groß ist ja die Liste der Sehenswürdigkeiten in Hammerfest nicht, dennoch bin ich immer wieder gerne hier. In den letzten Jahren hat sich in der Stadt architektonisch einiges getan, der Hafenbereich wurde erneuert und schöne moderne Gebäude ergänzen seitdem das Stadtbild. Auf einen Sprung schauen wir noch bei der Mole vorbei und fotografieren unser Schiff und die Bucht von Hammerfest.

Als wir am Nachmittag in Øksfjord anlegen, ist es mit dem Sonnenlicht bereits wieder vorbei, die Tage sind schon wieder wesentlich länger geworden, aber auch jetzt noch, Ende Februar, ist die Sonne gegen 16 Uhr verschwunden. Das wird sich bald ändern, wenn wir wieder der Mitternachtssonne entgegen fahren. Schon in gut zwölf Wochen wird die Sonne gar nicht mehr untergehen. Vor dem Abendessen hält mein Kollege seinen Vortrag über Erscheinungen am Himmel und atmosphärische Phänomene. Dazu gehört auch das Nordlicht. Wir hoffen, dass es heute Abend endlich in einem grünen Feuerwerk kommen möge. Da wir mit unseren Gruppen immer die gesamte Tour fahren, haben wir immerhin ganze sechs Tage der Hoffnung, in denen wir uns im Nordlichtoval befinden, also der Zone, in der die Wahrscheinlichkeit, das Nordlicht zu sehen, besonders hoch ist. Schlechter dran waren dieses mal diejenigen, die in Kirkenes das Schiff endgültig verlassen haben, da das Nordlicht sich auf der nordgehenden Route in besonderer Zurückhaltung geübt hat.

20 Uhr. Nordlichtalarm. Jetzt aber. Und ja, hinter unserem Schiff tut sich etwas. Erstmal zaghaft, aber das sind wir ja gewöhnt und das ist eben erst einmal auch nichts Ungewöhnliches. Abwarten und hoffen. Alle haben wir uns an der Reling aufgereiht mit unseren Kameras bewaffnet. Eine halbe Stunde lang bleibt das Nordlicht im Mäßig-Modus. Wir warten weiter. Dann flammt es auf und explodiert förmlich. Der gesamte Himmel ist grün und die Spiralen tanzen über den Gipfeln der umliegenden Berge. Endlich! Atemberaubend! Fast zwei Stunden zeigt sich Lady Aurora mal hier, mal da über uns und vereint sich zwischenzeitlich immer wieder zu einem grünen Gesamtkunstwerk. Unsere Gäste sind glücklich. Und auch wir natürlich. Egal, wie oft man dieses Naturphänomen schon gesehen hat, immer wieder zieht es einen in seinen Bann. Man wird förmlich süchtig danach. Auch die vielen Gäste, die erst in Kirkenes zugestiegen sind und nur die südgehende Route gebucht haben, sind fasziniert und können ihr Glück kaum fassen. Was für ein Abend. Erst als die Vorstellung vorbei ist, spüren wir die Eiseskälte wieder. Faszinierend, wie der Körper unangenehme Empfindungen abschaltet, wenn man im Glückstaumel ist. Ein Gefühl, das wir in wenigen Wochen verzweifelt wiederzufinden versuchen.

MS Richard With, 27. Februar 2020

Eine Erkältungswelle ist über unser Schiff herein gebrochen. Wie in jedem Winter fängt auf einer Tour erst ein Gast an zu husten und am Ende hustet fast das gesamte Schiff. Auch dieses mal. So hat es viele von unserer Gruppe mit schlimmem Husten und Schnupfen erwischt, einige mussten sich mehrere Tage fiebernd auf der Kabine erholen. Zu diesem Zeitpunkt ist das für uns noch das normale Wintertourprozedere, aber mit Infektionswellen werden wir uns dieses Jahr noch mehr beschäftigen, als uns lieb ist. Heute aber bleibt es bei der Frage, sich bei den Gästen nach deren Befinden zu erkundigen, und ob einer von den Kranken einen Arztbesuch wünscht. Aber alle helfen sich mit Aspirin und sonstigen Mittelchen, um die Erkältungssymptome zu vertreiben.

Für die, die fit sind, hält der Himmel auch heute Morgen ein Farbfestival der Extraklasse bereit. Die Sonne ist erst kurz vor Harstad über den Horizont geklettert und taucht die Landschaft jetzt in Rottöne in allen Facetten. Nach einiger Zeit geht das Farbspektrum über in Orange- und Gelbtöne. Wie gebannt stehen wir an Deck und geben uns dem Anblick des Lichtschauspiels samt der Winterlandschaft hin.

Am späten Vormittag versammeln wir uns draußen zum Point of Interest. Immer, wenn wir an besonderen Landmarken vorbei fahren oder sonst Besonderheiten zur Strecke erzählt werden können, hält das Expeditionsteam 5-Minuten-Vorträge an Deck. Heute geht es um die Risøyrenna. Die ausgebaggerte Fahrrinne verläuft zwischen den Inseln Hinnøya und Andøya und erleichtert seit ihrer Eröffnung 1922 den Zugang zum Hafen Stokmarknes. Bevor es die Risøyrenna gab, fuhren die Hurtigrutenschiffe durch den Tjeldsund, bei heftigem Sturm auf dem Vestfjord ist das manchmal heute noch so. Dann führt die Ersatzroute von Harstad entlang dem Festland direkt nach Bodø. 2004 wurde die Risøyrenna um einen Meter vertieft, da die neu gebauten Schiffe sie nicht mehr hätten befahren können. Auch wenn sie heute eine Tiefe von sieben Meter aufweist, haben die Schiffe nur wenig Luft unterm Kiel.

Am Nachmittag fahren wir wie immer an Tag neun durch den Raftsund. Die Strecke, die zwischen den Lofoten- und Vesteråleninseln hindurch führt, war einst zentraler Handelsplatz in Norwegen, büßte seine Stellung aber nach dem Ausbau des Straßennetzes ein. Seitdem bleibt dem Raftsund nur, mit seiner Landschaft zu beeindrucken, etwas, das ihm nicht sonderlich schwer fällt. Vor allem, wenn er in so einem Licht erstrahlt, wie ich es selten auf Wintertouren gesehen habe. Auch wenn es bitterkalt ist, drängeln sich alle draußen und tragen so ziemlich alles am Körper, was sich im Koffer finden ließ und tauglich ist, die Kälte abzuhalten.

Als wir in den Raftsund hinein fahren, sind es noch sechzig Minuten bis zum Sonnenuntergang. Die goldene Stunde ist angebrochen. So wird der Zeitraum bezeichnet, wenn das Licht weicher und rötlicher wird. Durch die tief stehende Sonne werden deren Strahlen anders gestreut als über Tag, das blaue kurzwellige Licht wird unseren Augen vorenthalten, während wir das langwellige rote Licht deutlicher wahrnehmen. Was für Auswirkungen es doch haben kann, wenn Sonnenstrahlen aufgrund des Sonnenstandes einen längeren Weg durch die Erdatmosphäre nehmen müssen. Uns freut es natürlich, beschert es uns doch einen goldenen Raftsund. Zusätzlich ist die Luft heute so klar, dass die Berggipfel scharf wie Messerspitzen erscheinen, die in den Himmel ragen. Wir gleiten im spiegelglatten Wasser vorbei an den entzückenden Inseln, die dem Trollfjord vorgelagert sind und auf denen eine Handvoll Häuschen auf ihre Besitzer wartet, die hier die Sommerwochenenden verbringen. Eine Idylle, wie sie sich kein Maler schöner ausdenken könnte. Als wir die Mündung des Trollfjords erreichen, ist es mucksmäuschenstill, der letzte Rest der Sonnenstrahlen streift die schneebedeckten Gipfel, was für ein Anblick. Wir könnten nicht glücklicher sein und dass es an diesem Abend, dem letzten Abend im Nordlichtoval, keine Nordlichtvorstellung mehr gibt, ist uns egal. Zu schön waren das Licht und die Landschaft an diesem Tag.

MS Richard With, 28. Februar 2020

Wir haben Verspätung. Irgendwie bringt das mein ganzes Frühstückskonzept durcheinander. Gewöhnlich gehe ich zuerst nach draußen um den Polarkreis-Globus zu filmen, wenn er vorbei fährt - oder vielmehr wir an ihm. Bis zur Lebertranzeremonie bleibt dann noch genug Zeit, meine Drei-Teller-Wirtschaft zu pflegen, die ich beim Frühstück praktiziere. Ein Teller süss, ein Teller herzhaft, ein Teller Warmes. Dann schmeckt der Lebertran um 10 Uhr auch gleich angenehmer. Heute sind wir hinter dem Zeitplan unterwegs, so dass sich der Lebertran gleich an die Polarkreisüberschreitung anschließt. Mit frühstücken wird das danach mangels Zeit nichts mehr. Also muss vor dem Polarkreis gefrühstückt werden und in dieser Hinsicht habe ICH heute Verspätung, denn mein Wecker war heute nicht gewillt, so zu klingeln, wie ich es mit ihm gestern Abend abgesprochen habe. Anziehen im Eiltempo und ab ins Restaurant. Drei-Teller-Wirtschaft hin oder her, heute muss die abgespeckte Version reichen. Wohlweislich habe ich Jacke und Kamera schon mitgebracht. Nach so vielen Touren kann ich ziemlich genau abschätzen, in welchem Winkel zum Berg Hestmannen wir uns befinden müssen, so dass wir mit dem Bug auf Höhe der Polarkreisinsel Vikingen sind. Heute ist das so ziemlich genau, nachdem ich den ersten Bissen meines Frühstücks verzehrt habe. Zeit für einen Test, wie schnell man es schafft, alles, was sich auf dem Teller befindet, herunter zu schlingen. Jedenfalls weiß ich jetzt, dass es in sehr kurzer Zeit möglich ist. Noch gerade rechtzeitig schaffe ich es auf Deck fünf und wie sich herausstellt, ging es einigen Gästen mit dem Frühstück ebenso wie mir. Dass unser Kapitän aber auch genau jetzt entscheiden musste, tüchtig Gas zu geben, wo wir noch vor einer Stunde so gemütlich unterwegs waren. Am Schluss haben wir alle aber unsere Fotos im Kasten und beruhigen unsere stressgeplagten Nerven mit einer extra großen Portion Lebertran.

Nach dem Ablegen in Sandnessjøen am Mittag gibt es heute einen interaktiven Point of Interest. Da die Bergkette der sieben Schwestern Teil der Helgelandsaga um den Königssohn Hestmannen ist, belassen wir es nicht beim Erzählen, sondern spielen die Sage gleich nach. Natürlich unter Einbezug der Gäste. Nach anfänglichem Zögern sind sie mit voller Begeisterung dabei, jagen sich als Hestmannen und Lekamøya auf Deck sieben und auch die sieben Schwestern sind mit von der Partie. Der König der Sømnaberge wirft auch auf unserem Schiff seinen Hut in die Flugbahn des Pfeils (bei uns ein Stock), den Hestmannen auf seine Angebetete abfeuert, um sie zur Strecke zu bringen. Nur das mit dem Erstarren zu Stein ersparen wir den Gästen dann doch. Die Stimmung könnte an diesem frühen Nachmittag nicht ausgelassener sein. Aber das liegt nicht nur an unserer gemeinsamen Showeinlage, sondern auch am Zauber der Helgelandküste an sich. Der Süden der Provinz

Nordland, den die Region Helgeland einnimmt, ist nicht nur Heimat für mehr als zweihundert Vogelarten, sondern auch eine der landschaftlichen Perlen Norwegens. Das finden auch die Gäste und da die Wintersonne über uns scheint, bleiben wir bis Brønnøysund fast ununterbrochen draußen.

MS Richard With, 29. Februar 2020

Nachdem wir am frühen Morgen bereits die Wintersonne genossen haben, passieren wir nach der Abfahrt von Trondheim die Fosen Werft. Die MS Finnmarken wird hier gerade umgebaut und büßt mit der Renovierung ihre Jugendstileinrichtung ein. Schmerzlich, denn ich war vor dem Umbau nicht mehr auf der Finnmarken als Reiseleiterin eingeteilt und werde mich auf meiner nächsten Tour mit ihr im September notgedrungen mit der neuen, modernisierten Einrichtung abfinden müssen. Gut, dass ich zu diesem Zeitpunkt noch nicht weiß, dass es zu der Septembertour nicht mehr kommen wird und ich mich damit nicht nur von der Jugendstileinrichtung, sondern auch von der Finnmarken überhaupt verabschieden muss. Ab 2021 wird sie nicht mehr im Liniendienst an der norwegischen Küste verkehren, sondern unter neuem Namen zu Expeditionsreisen aufbrechen. Ob es auf diesen Routen zu neuen Gruppenreisen kommen wird, auf denen wir Reiseleiter eingesetzt werden, steht in den Sternen.

Auch die MS Nordstjernen befindet sich für Renovierungsarbeiten in der Werft. Das Schiff war einst ebenfalls im Besitz von Hurtigruten, wurde aber 2012 ausgemustert und wird gelegentlich von der Reederei zurück gechartert.

Auf dem Trondheimfjord fahren wir weiter gen Süden. Er ist immerhin der drittlängste Fjord Norwegens und aufgrund seiner Breite, die sich mancherorts auf fünf Kilometer beläuft, vermisse ich auf ihm manchmal das typische „Fjordgefühl", eben das, was man hat, wenn man sich in den schmaleren Fjorden mit ihren steil aufragenden Bergen und schroffen Felsen befindet. Trotzdem ist der Trondheimfjord nicht minder schön, vor allem wegen seines saftigen Grüns und seiner Fisch- und Vogelwelt. Und auch historisch war hier einiges los, denn Harald Schönhaar einte an seinen Ufern Norwegen zu einem Königreich. Archäologische Funde dazu finden sich überall entlang des Trondheimfjords.

Schon weit vor Kristiansund wechselt das Wetter und Norwegen zeigt wieder einmal, wie schnell hier zuweilen von schön auf schlecht geschaltet wird. Obwohl wir nicht auf der offenen Seestrecke sind, schaukelt es ordentlich und es dauert nicht lange, bis die Wolken sich zum Unwetter vereint haben. Da die Aussendecks aber noch geöffnet sind, schnappe ich mir meine Kamera um Dramafotos zu machen. Kein Mensch mehr an Deck zu sehen. Wind und Regen peitschen übers Schiff hinweg, „fresh norwegian weather" eben. Auch im Hafen von Kristiansund gelingt es uns erst beim zweiten Versuch anzulegen, der Wind drückt uns an den Kai. Von unserer Gruppe starten jetzt einige Gäste zum Bergtatt-Ausflug, der Fahrt zum Marmorbergwerk und über die nahe gelegene Atlantikstraße. Sie entgehen dem Tänzchen auf der offenen Seestrecke Hustadvika, das uns möglicherweise bevorsteht. Mit meinem Kollegen verlasse ich kurz das Schiff. Die Gehwege sind so glatt, dass der Wind uns die Entscheidung, in welche Richtung wir laufen möchten, einfach abnimmt. Er schiebt uns nach seinem Gutdünken über das Pflaster. Bevor wir uns schlussendlich dort befinden, wo wir gar nicht sein möchten, hangeln wir uns zurück zur Gangway.

Auch beim Ablegen drückt der Sturm uns kräftig in Schieflage, so dass sich so ziemlich alles im Schiff, das nicht irgendwo befestigt ist, wenig später auf dem Boden wieder findet. Mit Spannung erwarten wir die Hustadvika. Aber wie von Zauberhand dreht der Wind und schiebt uns hinüber, im Gegensatz zur MS Polarlys, die gegen den Wind kämpfen muss und beim Städtchen Bud in heftigem Seegang an uns vorbei schaukelt. Heute haben wir Glück gehabt.

Bergen, 01. März 2020

Schon am Morgen beginnen die Jungs von der Crew wie immer die Koffer einzusammeln, die die Gäste bereits vor den Aufzügen abgestellt haben. Ausstiegstag. Ich bin früh an Deck und schaue beim Anlegen in Florø zu. Ich kann an einer Hand abzählen, wie oft ich auf all den Touren diesen Hafen wirklich wahr genommen habe. Heute ist das Licht aber zu schön, als dass man es einfach ignorieren könnte. Und ich will heute unbedingt den Leuchtturm Stabben fyr sehen, der kurz nach der Abfahrt in Florø mitten im Wasser steht. Von den vielen Leuchttürmen, die an der Strecke liegen, ist er der letzte vor Bergen. Er bedeckt fast das gesamte Inselchen, auf dem er positioniert ist. Gebaut wurde er bereits 1867. Gut hundert Jahre später nahm man den Leuchtturmwärtern die mühselige Arbeit ab und automatisierte ihn. Dass er 1999 unter Denkmalschutz gestellt wurde, ist kaum verwunderlich. Das weiß getünchte Häuschen thront entzückend auf seiner Schäre, das Leuchtfeuer wie ein Krönchen tragend. Allerliebst.

Da das Wetter heute prächtig daher kommt, fahren wir am Vormittag durch den Steinsund. Das erste mal für mich dieses Jahr. Die vergangenen Sturmfahrten haben uns zuweilen zu alternativen Fahrtrouten gezwungen. Umso schöner, dass diese Tour weniger sturmbehaftet war, auch wenn wir nicht ganz ohne starken Seegang ausgekommen sind. Auch der Steinsund fällt gelegentlich schlechtem Wetter zum Opfer, denn er misst an der schmalsten Stelle weniger als sechzig Meter Breite. Da seine Ufer steil abzufallen pflegen, ist er trotzdem schiffbar. Die Meerenge führt zwischen den Inseln Steinsundøyna und Rånøy hindurch. Erstgenannte kann immerhin fünfzig Einwohner verzeichnen und besitzt zwar eine Straße, dafür aber keine Bäume. Ein faszinierender Anblick, die schroffen Felsen backbord und steuerbord am Schiff vorbei ziehen zu sehen. Auch Tag zwölf hat eben landschaftlich noch einiges zu bieten.

Während wir auf die Ankunft in Bergen warten, checke ich auch nach dieser Tour im Internet, was in den letzten Tagen so in der Welt passiert ist. Das neuartige Virus ist auch in Norwegen angekommen, ein Fall wurde registriert. Die betreffende Norwegerin aus Tromsø hatte sich in Wuhan aufgehalten und wurde nach ihrer Rückkehr aus China positiv getestet. In Italien sind innerhalb kurzer Zeit aus einer Infektion fast zweihundert geworden, während man in Deutschland wieder in den Entspannungsmodus kommt, nachdem die Handvoll Infizierter aus der vorsorglichen Quarantäne entlassen werden konnte. Ich nehme es - noch - gelassen zur Kenntnis.

Als wir in Bergen anlegen, sind wir wie immer traurig, dass die Tour vorbei ist. Die neuen Gäste erwarten unser Schiff bereits und sind voller Vorfreude auf ihre Reise. Auch für die kommende Fahrt ist das Schiff ausgebucht. Viele von der Crew beginnen heute ihre Fritur, also ihre 22 freien Tage, bis sie erneut zum Dienst antreten. Die Ablösung wartet bereits im Terminal um sich einzuschiffen. Begrüßen, umarmen, kurz plaudern. Auch der Putztrupp rückt an, um das Schiff wieder blitzblank zu wienern. Mein Kollege und ich prüfen, ob unser Gruppenbus bereits vorgefahren ist und warten auf dem Parkplatz vor dem Terminal, bis unsere Gruppengäste samt Gepäck das Terminal verlassen. Als Gäste und Gepäck verstaut sind, machen wir uns auf den Weg zum Flughafen.

Dort angekommen, nehme ich schon wieder mehr gelbe Warnschilder wahr als noch zwei Wochen zuvor. „Nur nicht nervös werden", denke ich und beginne damit, auf ein Neues zu versuchen, ob die Automaten heute wieder gut genug gelaunt sind, Reisedokumente auszuspucken. Sind sie. Zumindest bei ein paar Gästen. Der Rest der Gruppe durchläuft das übliche Schlange stehen am Schalter, aber alle bleiben gut gelaunt. Als ich in den Flieger einsteige, halte ich ein paar Sekunden lang inne. Meine Sitznachbarin trägt eine Mund-Nasen-Maske, die sie den gesamten Flug nicht abnimmt. Ich frage mich, was denn jetzt auf einmal los ist und denke wieder an die Nachrichten, die man über das neue Coronavirus liest. „Ach was", beruhige ich mich selbst, „entweder ist die Dame übertrieben vorsichtig oder muss sich aus irgendeinem Grund generell vor Krankheitserregern schützen."

Unsere Gäste haben sich mit dem Flug jetzt in alle Himmelsrichtungen verstreut. Das Ende dieser Tour bedeutet für mich nun eine sechswöchige Schiffspause. Das kommt mir insofern gelegen, als dass ich in nächster Zeit fotografische Projekte fertig stellen muss, die auf ihre Veröffentlichung warten. Erst Ende April werde ich zu einer neuen Tour starten und den ganzen Sommer hindurch fast ununterbrochen auf den Schiffen arbeiten.

Es sind noch elf Tage bis zur Katastrophe.

März bis Juli - im Shutdown

März 2020

Das Virus schleicht sich immer mehr in unser Leben. Immer häufiger wird in den Nachrichten darüber berichtet, wie es sich in Europa ausbreitet. Auch in Norwegen schnellen die Infektionszahlen explosionsartig in die Höhe, nachdem viele aus ihrem Ski-Urlaub in Ischgl und Norditalien zurück gekehrt sind. Da der Alkohol in Norwegen bekanntlich teuer ist, gibt sich der ein oder andere Norweger im Urlaub gerne dem hemmungslosen Alkoholkonsum hin und wird auch in jeder anderen Hinsicht hemmungslos. An sich ja jedermanns eigene Angelegenheit, jetzt allerdings hat das offensichtlich Folgen. Noch immer aber weigere ich mich, in Panik zu verfallen, ebenso mein privates Umfeld. Ja, die ganze Entwicklung ist nicht schön, aber bitte, das Leben hat bedauerlicherweise nicht nur angenehme Seiten.

Am 10. März erreicht mich ein Anruf von Hurtigruten Hamburg. Bereits vor einiger Zeit hatte ich mich intern für die Betreuung von Gruppenreisen im Bereich Expedition beworben. Und heute wurde ich endlich erhört. Unser Disponent möchte wissen, ob ich Ende August zu einer Grönlandreise mit der MS Fridtjof Nansen starten will. Die 17-tägige Gruppenreise verzeichnete in den letzten Tagen so viele Neubuchungen, dass ein zweiter

Reiseleiter eingesetzt wird. Ob ich will? Na klar! Für mich ein ideales Arrangement, denn zusammen mit mir begleitet die Reise ein Kollege, der Grönland bereits auf mehreren Touren bereist hat. Ich kann also in dieser Zeit viel lernen und mein Wissen über die touristischen Kaltwassergebiete ausbauen. Ich könnte nicht glücklicher sein. Die Reise ergänzt sich außerdem perfekt mit meiner Vertriebsfahrt in drei Wochen, wenn ich mit der Fridtjof Nansen von Oslo nach Hamburg unterwegs bin. Ich werde das Schiff also vor der Grönlandreise bereits kennen. Natürlich plaudere ich mit unserem Disponenten auch über das Virus, aber wir sind uns beide einig, dass das in ein paar Wochen alles Geschichte ist, auch wenn sich die Entwicklung besorgniserregend anhört. Aber Medien machen ja bekanntlich gerne für eine gute Schlagzeile aus einer Mücke einen Elefanten.

Am 12. März erklärt die WHO dieses Corona-Teufelsding zur Pandemie. Was? Norwegen reagiert noch am selben Tag mit einem Shutdown des Landes. Ich bin schockiert und zum ersten Mal erfasst mich wirkliche Panik. Wie kann es sein, dass wir vor wenigen Tagen noch unserem Alltag nachgingen und sich nun von heute auf morgen ein ganzes Land in einer Art Tiefschlaf befindet. Die Gedanken kreisen unaufhörlich. Ist das nur eine kurze Episode oder eine vollumfängliche Katastrophe? Erst vorgestern habe ich doch noch mit Hurtigruten über die Reiseplanung für dieses Jahr gesprochen, die Fahrt mit der Fridtjof Nansen in drei Wochen, mich vor ein paar Tagen von

Kollegen verabschiedet und gleichzeitig verabredet, wann wir uns wiedersehen. Sicher hat man die Meldungen der letzten Tage wahr genommen, vor allem die Entwicklung in Italien, aber dass unser Leben mit solcher Wucht lahm gelegt wird, habe ich noch bis gestern nicht für möglich gehalten.

Nach dem ersten Schock läuft mein Telefon heiß. So ziemlich mein gesamtes privates Umfeld arbeitet im Tourismus und alle haben den gleichen Gedanken. Was wird, wenn alles für Monate still steht. Jeder Selbstständige muss gelegentlich mit konjunkturellen Schwierigkeiten zu recht kommen, aber ein staatlich verordneter Shutdown ist schon eine andere Kategorie. Wir versuchen uns Mut zuzusprechen und dass dieser Zustand sicher nicht ewig dauern wird. Ein paar Wochen die Zähne zusammenbeißen und der Drops ist gelutscht. Tatsächlich habe ich da noch die vage Hoffnung, dass meine Tour von Oslo nach Hamburg Ende März doch noch stattfinden wird. Ich bin eben ein unverbesserlicher Optimist.

Vier Tage später geht auch Deutschland in den Shutdown und schließt Schulen, Kitas, Bars und Restaurants. Damit habe ich gleich zwei Probleme, die meinen Beruf als Reiseleiterin betreffen. Ab sofort bedarf es einer Verbesserung des Infektionsgeschehens in zwei Ländern um meinen Job weiter ausüben zu können. Ohne deutsche Touristen keine Gruppenreisen auf irgendeinem der Hurtigrutenschiffe. Ohne

Einreiseerlaubnis keine Touristen in Norwegen. Auch wenn es unbequem ist, kann ich zu diesem Zeitpunkt wie die meisten nachvollziehen, dass strikte Maßnahmen dazu beitragen, das Virus einzudämmen. Zumal das norwegische Gesundheitsministerium meldet, dass die Ausbreitung des Virus außer Kontrolle geraten ist. Ähnliche Meldungen gibt es auch aus Deutschland und allen anderen Ländern. Ehe wir uns versehen, sind die europäischen Grenzen zu. Nur ein paar Wochen durchhalten. Das schaffen wir schon.

Kaum liegen Norwegen und Deutschland im Shutdown, interessieren sich Menschen für exorbitante Vorräte von Toilettenpapier, die zuvor noch nie von Vorratshaltung gehört haben. Ganze Wagenladungen werden aus den Supermärkten getragen, und während in Deutschland auch Mehl und Hefe nach kurzer Zeit kaum noch zu bekommen sind, stürzen sich die Norweger auf Paracetamol und Ibuprofen, so dass wenig später die Abgabemenge in den Apotheken auf zwei Packungen pro Person beschränkt werden muss. Ja ist die ganze Welt verrückt geworden? Nachdem jedoch auch ich ein paar Tage später fast acht Stunden für die Jagd nach Toilettenpapier benötige, beschließe auch ich,   mit einer entsprechenden Menge vorzusorgen.

Am 19. März gibt Hurtigruten bekannt, dass mit sofortiger Wirkung nahezu alle Schiffe aus dem Betrieb genommen werden. Lediglich zwei Schiffe werden zwischen Bodø und Kirkenes als Versorgungsschiffe weiter verkehren. Das Virus wird also eine längerfristige Angelegenheit. Meine Fahrt mit der Fridtjof Nansen nächste Woche habe ich bereits gedanklich abgehakt. Am selben Tag erreicht mich die Nachricht und damit die Gewissheit, dass diese Tour nicht stattfinden wird. Und noch eine Hiobsbotschaft hält der Tag bereit. Diesmal von Hurtigruten Hamburg. Alle Gruppenreisen sind bis auf weiteres abgesagt. Wen wundert das, wenn kein Tourist mehr ins Land gelassen wird. Nahezu dreitausend Angestellte der Reederei wurden in den letzten Tagen in Kurzarbeit geschickt und zum ersten Mal in der Geschichte von Hurtigruten machen staatliche Verordnungen es unmöglich, den täglichen Liniendienst aufrecht zu erhalten. Auch ich fange an, mir ernsthaft Sorgen um mein Einkommen in den nächsten Wochen und Monaten zu machen. Als Selbstständige kann ich nicht in Kurzarbeit gehen. Natürlich verfüge ich über finanzielle Reserven, aber mich beschleicht ein Gefühl der Unsicherheit, wie lange diese ganze Misere denn nun dauern wird. Reserven reichen nur begrenzt. Ich versuche, mich nicht selbst verrückt zu machen, bis zu meiner nächsten Tour Ende April sind es noch gute fünf Wochen.

In der letzten Märzwoche beginnen sich die Meldungen zu überschlagen. Weltweit steigende Infektionszahlen, kaum ein Tag, an dem man den Fernseher einschalten oder die Zeitung aufschlagen kann, ohne gleich von neuen Hiobsbotschaften zu hören. Es wird brenzlig. Und meine Existenzsorgen werden grösser. Ich fange an durchzurechnen, wie lange meine finanziellen Reserven reichen werden. Ein paar Monate sind schon durchzuhalten, aber mittlerweile sind die Nachrichten so besorgniserregend, dass ich mich frage, ob wir diese Pandemie tatsächlich in ein paar Monaten überstanden haben werden. Was dann?

Aber es naht Rettung. Die Bundesregierung kündigt an, finanzielle Hilfe für Unternehmen bereit zu stellen. Unter die Antragsberechtigten fällt auch mein Unternehmen, da es eben in Deutschland sitzt und in Deutschland Steuern abführt. Tatsächlich geht es im Land der Bürokratie einmal unkompliziert. Kaum 24 Stunden, nachdem ich den Antrag gestellt habe, geht mir der Bescheid zu. Die Hilfe soll alle Betriebskosten für die nächsten drei Monate decken. Was für eine Erleichterung. Viel lieber wäre es mir, Umsatz durch Arbeit zu erwirtschaften, aber innerhalb weniger Tage wurde nicht nur meinem Unternehmen, sondern einer ganzen Branche (und darüber hinaus vielen weiteren) durch staatliche Anordnung Berufsverbot erteilt. Wie also im Tourismus weiter Geld verdienen, wenn die Überschreitung von Staatsgrenzen von heute auf morgen auf unbestimmte Zeit obsolet ist. Trotzdem treibt mich das Gefühl um, auf staatliche Hilfe angewiesen zu sein. In den zwanzig Jahren meiner Selbständigkeit ist es immer mal vorgekommen, dass ich durch konjunkturbedingte

Umsatzeinbrüche neue Ideen entwickeln und Branchen-Nischen erschließen musste. Das ist die ganz normale Herausforderung, der man sich als Selbständige stellen muss. Aber auf einmal ist die Situation ganz anders. Egal, welche neuen Ideen ich entwickle, steht der Shutdown im Weg. Das Einzige, was mich zu diesem Zeitpunkt noch tröstet, ist die Tatsache, dass es jetzt dem überwiegenden Teil der Wirtschaft so geht. Das schafft eine Art Verbundenheit. Trotzdem bleibt uns allen nur abzuwarten und darauf zu hoffen, dass der Spuk schneller vorbei ist, als die Wirtschaft durchzuhalten vermag.

April 2020

Die Forschung am Virus läuft auf Hochtouren. Irgendwie versuchen die Wissenschaftler verzweifelt, möglichst viel über den ganzen Schlamassel herauszufinden. Spätestens jetzt läuft gegen die Wissenschaft die wirtschaftliche Uhr. Ein Kampf, der wahrscheinlich bereits in diesem Moment aussichtslos ist, da Forschung viel Zeit in Anspruch zu nehmen pflegt. Tausende Wissenschaftler weltweit untersuchen, wägen ab und geben Empfehlungen, wie mit dem Virus umzugehen ist. Alle paar Tage ändern sich diese Erkenntnisse, auch weil man im Eiltempo immer mehr über das Virus herauszufinden versucht. Ich bin kein Wissenschaftler, aber instinktiv habe ich jetzt schon das Gefühl, dass nur der Mittelweg zum langfristigen Ziel führen kann und wir möglichst schnell lernen müssen, wie wir in einer Co-Existenz mit dem Virus zu recht kommen. Den Shutdown empfinde ich zu diesem Zeitpunkt als unvermeidliches Übel, das uns eine Atempause verschafft und in der Lage ist, die Infektionsketten zu unterbrechen. In Norwegen herrscht große Solidarität in der Bevölkerung, aber das ist sowieso des Norwegers Mentalität. Jedoch auch bei der deutschen Bevölkerung empfinde ich in diesen Tagen ein gewisses Zusammengehörigkeits-Gefühl.

Sowohl in Norwegen als auch in Deutschland schicken immer mehr Unternehmen ihre Angestellten in Kurzarbeit. In Norwegen macht sich eine flächendeckende Angst in der Tourismusbranche breit. Anfang Juli wird sich herausstellen, dass der Umsatzrückgang im ersten Halbjahr 2020 60% betragen wird. Der Tourismus und alle Branchen, die direkt von ihm abhängen, macht einen nicht unerheblichen Teil der norwegischen Wirtschaft aus und wo im Februar noch so etwas wie Vollbeschäftigung war, macht sich in rasender Geschwindigkeit die Angst vor Arbeitslosigkeit breit. Ein Zustand, der für den Norweger an sich kaum zu ertragen ist, ist er doch gewohnt, sein verfügbares Geld monatlich für die schönen Dinge des Lebens auszugeben und nicht auf seinem Sparkonto anzuhäufen. Entsprechend klein sind die finanziellen Reserven, zumindest, was Privathaushalte angeht. Bei vielen frisst die Immobilienrate gleich das gesamte Kurzarbeitergeld auf. Aber die Parole ist: durchhalten! Ein paar Wochen wird das schon gehen. Keiner darf bis auf weiteres die Freizeit oder den Urlaub in seiner Hytta verbringen, damit das Virus nicht Ping-Pong in den Landesteilen spielt. Der Unmut der Norweger darüber ist unübersehbar.

In Deutschland keimt die Diskussion über das Tragen von Alltagsmasken auf. Es dauert nicht lange und die ersten Bundesländer machen die Dinger zum verpflichtenden Accessoire. Sicher gehört das nicht zu den schönsten Nebenerscheinungen des Alltags, aber ich finde, dass diese „Einschränkung" unter der Kategorie „zumutbar" verbucht werden kann. In Norwegen verzichtet die Regierung auf die Verpflichtung, Maske zu tragen, spricht aber die Empfehlung aus, der sehr viele Norweger freiwillig Folge leisten. Was anfangs nur für Toilettenpapier gilt, ist auf einmal auch beim Kauf von Masken Thema. Kaum gibt es sie irgendwo, muss man sich förmlich drum schlagen oder gleich vor dem Laden übernachten um welche zu ergattern. Kurzerhand schwinge ich die Nähnadel und gestalte alte Hemden zu „Maulschlüppis" um.

Tatsächlich erweckt die norwegische Regierung ihr Land eher aus dem Tiefschlaf, als wir alle erwartet haben. Bereits am 7. April kündigt das Parlament an, dass das Virus weitgehend unter Kontrolle sei und schrittweise das öffentliche Leben wieder hochgefahren wird. Was für ein Segen. War es am Anfang noch ein lustiges Unterfangen, sich aller Elektronik der heutigen Zeit zu bedienen, um seine sozialen Kontakte virtuell weiter zu pflegen, so hat die Sehnsucht nach physischen Kontakten bereits nach kurzer Zeit den anfänglichen Enthusiasmus verdrängt. Auch ich schöpfe Hoffnung, dass die Zeichen darauf stehen, dass die ganze Misere bald überstanden ist. Zwar soll mit den Lockerungen erst Ende des Monats begonnen werden, aber bis dahin ist es ja nicht mehr weit.

Während Norwegen auf die ersehnte Wiederauferstehung des öffentlichen Lebens hin fiebert, wird in Deutschland die Maskenpflicht auf alle Bundesländer ausgeweitet. Das beunruhigt mich nicht, denn mit dem „Maulschlüppi" ist es ja durchaus möglich, vom völligen Stillstand wieder in so etwas wie ein Alltagsleben zu kommen. Klar war es ohne besser und für diejenigen, die ab sofort mit Maske arbeiten müssen, ist das eine besondere Umstellung, aber doch meiner Meinung nach eindeutig die bessere Wahl im Vergleich zur Lockdown-Alternative. Hände waschen, Abstand halten, alles paletti.

Fast zeitgleich zur flächendeckenden Maskenpflicht in Deutsch-land öffnen Ende April in Norwegen Kindergärten und Schulen und ehe man sich versieht, folgen auch Geschäfte und Restaurants. Es herrscht so etwas wie Aufbruchstimmung. Alles ist anders auf einmal, denn oberstes Gebot ist jetzt, sich an die Hygieneregeln zu halten. An den Eingängen zu den Geschäften gibt es jetzt hübsche Desinfektionsmittelspender und Abstands-markierungen am Boden. Das stört so gut wie niemanden, Hauptsache die schlimmste Phase ist überstanden. Auch Deutschland beginnt Ende des Monats damit, die Maßnahmen zu lockern, macht es aber umgekehrt. Hier dürfen die Geschäfte als erste wieder in den „Alltag", Schulen und Kindergärten folgen erst zeitversetzt und zögerlich.

Im Tourismus aber herrscht alles andere als Aufbruchstimmung. Zwar wurden neue Hilfspakete geschnürt, aber es stellt sich heraus, dass sie nicht annähernd genügen, um kostendeckend weiter zu arbeiten oder überhaupt weiter zu existieren. Kein Wunder bei 100% Umsatzausfall. Die Grenzen bleiben weiterhin dicht. Vorerst bin ich aber vollzeitbeschäftigt damit, Kunden, die bei mir eine Hurtigrutenreise gebucht haben, neu zu beraten und auf einen späteren Reisetermin umzubuchen. Immerhin habe ich so etwas Beschäftigung, obwohl es alles andere als motivierend ist, sich nicht nur seinen eigenen Umsatz auf nächstes Jahr zu verschieben, sondern dafür auch unvergütet Vollzeit zu arbeiten. Aber noch lasse ich mich nicht entmutigen. Der erste Schritt zur neuen Normalität ist getan, da wird ja wohl hoffentlich in absehbarer Zeit die Grenzöffnung folgen. Meine Gruppenreise für Ende April hat Hurtigruten bereits vor einer Woche abgesagt, innerlich hatte ich bereits mit dieser Reise abgeschlossen. Ich hoffe, dass ich wenigstens zur Maireise wieder starten kann.

Mai 2020

Neue Hoffnung keimt auf, dass es auch mit dem Tourismus bald wieder los geht. Die Wintersaison ist nun vollends gelaufen und wir hoffen alle, dass wenigstens von der Sommersaison noch etwas zu retten ist. Anfang des Monats gibt die norwegische Regierung umfangreiche Richtlinien heraus wie öffentliche Verkehrsmittel in Einklang mit der Ansteckungsvermeidung genutzt werden können. Dabei geht es nicht nur um Bus und Bahn, sondern auch um Fähren und Ausflugsschiffe. Abstand zwischen den Plätzen, Hygiene-Stationen, geordnetes Ein- und Aussteigen. Allerdings schwebt über allem noch die Mahnung, auf nicht notwendige Fahrten mit öffentlichen Verkehrsmitteln zu verzichten. Trotzdem gibt das Hoffnung, es tut sich was nach den Wochen des Stillstands.

Meine Mai-Tour hat sich auch in Luft aufgelöst, es ist keine Überraschung, so lange sich in Sachen Grenzöffnung nichts tut, und das gleich in zwei Ländern. Immer öfter kann ich nachts nicht schlafen, weil sich in das Gefühl der Hoffnung das Gefühl der Hoffnungslosigkeit schleicht. Die Gedanken kreisen. Sicher, ich habe Coronahilfe erhalten, aber die wurde dafür bereitgestellt, die Betriebskosten für die Monate März bis Mai aufzufangen. Was, wenn dann immer noch kein Umsatz möglich ist? Finanzielle Reserven habe ich noch, die mein Unternehmen noch eine zeit lang am Leben halten werden, aber wie soll man mit der Ankündigung, dass die Grenzen „bis auf weiteres" geschlossen bleiben, einen Überlebensplan entwickeln.

Im Tourismus und noch einigen anderen Branchen waren wir die ersten, die in den Shutdown gingen und wir werden die letzten sein, die wieder zu so etwas wie Arbeitsleben zurück kehren. Damit lässt sich so lange zurecht kommen, wie Reserven auf dem Konto verbleiben, aber je mehr der Kontostand sich dem Nullpunkt nähert, umso schwieriger wird es, das auszublenden. Jetzt im Mai versuche ich aber immer noch, so gut es geht, positiv in die Zukunft zu blicken. In Norwegen sagt man „alt ordner seg", was soviel bedeutet wie „es wird sich schon alles finden". Ich versuche, das zu beherzigen.

Der 17. Mai nähert sich, der norwegische Nationalfeiertag. Jedes Jahr ist es das Fest der Feste. Im ganzen Land finden Paraden statt, man trägt Tracht, beflaggt alles und jedes, was es zu beflaggen gibt, man feiert zusammen mit Kuchen, Eis und Würstchen. Alles, was ungesund ist, darf an diesem Tag in Mengen konsumiert werden. Man zieht durch die Straßen und feiert sein Land. Bereits in den letzten zwei Wochen hat die Regierung diesem so wichtigen Tag einen Dämpfer verpasst. Umzüge sind tabu und auch dem alternativen Feiern zu Hause wird eine Absage erteilt. Immer noch ist die Anzahl Personen, mit der man sich aus verschiedenen Haushalten treffen darf, der Infektionsvermeidung zu liebe auf einem niedrigen Niveau. Also halten es die meisten Norweger so, dass sie zwar feiern, aber in einem so kleinen Rahmen, wie es wahrscheinlich seit Niederschrift der Verfassung 1814 nicht mehr vorgekommen ist. Noch nie waren die Straßen an einem 17. Mai in Norwegen so leer wie 2020. Aber alle trösten sich mit der Hoffnung, dass es 2021 ein fulminantes Comeback geben wird.

Während im Laufe des Monats sowohl in Norwegen als auch in Deutschland immer mehr Branchen wieder ins Arbeitsleben zurückkehren, warte ich weiter. Und mit mir alle, die im Tourismus arbeiten. Ich merke zunehmend, dass die Frustration umso grösser wird, je mehr Menschen wieder ihrem Berufsalltag nachgehen, während man selbst nach wie vor einem Berufsverbot unterliegt. Natürlich überlege ich laufend, wo alternativ irgendein Umsatz zu verdienen ist, aber gerade in meiner Branche sind einem die Hände gebunden. Reisen kann man schlecht nach Hause liefern, wenn keinem mehr erlaubt ist, Staatsgrenzen zu überschreiten. Ich versuche zwar virtuell die Reiselust der Menschen zu bedienen, aber es zeigt sich, dass das für einen längerfristigen Fortbestand meiner Existenz zu wenig ist. Zumal bei den Regierungen das Reisen immer mehr als Freizeitvergnügen eingestuft wird, auf das man ruhig mal ein Jahr verzichten kann. Schön und gut, für den Konsumenten mag das so stimmen, aber für uns, die wir in der Reisebranche arbeiten, ist das ein Schlag ins Gesicht. Nur nicht nervös werden, aber es fällt zunehmend schwerer. Vor allem deshalb, weil das

Gefühl der Machtlosigkeit immer stärker wiegt. Als Selbständige ist man ein hohes Maß an Eigenverantwortung gewohnt. Man muss sich pausenlos darum kümmern, neue Aufträge an Land zu ziehen. Ein normaler Umstand, wenn man die Existenzform der Selbständigkeit wählt. Aufgrund der Pandemie hat seit März im Tourismus die Freiheit aufgehört zu existieren, unser Schicksal liegt in der Hand von Regierungen und bis dato gebe ich die Hoffnung nicht auf, dass die Regierungen verantwortungsvoll mit den ihnen anvertrauten Existenzen umgehen. Immerhin handelt es sich ja nicht nur um eine Hand voll, sondern allein in Deutschland und Norwegen um ein paar Millionen Schicksale.

Meine Stimmung wird erneut gedämpft, als ich Ende Mai das Abrechnungsformular des Wirtschaftsministeriums NRW für die Coronahilfe erhalte. Schon bei Beantragung hieß es, dass nur die tatsächlichen Betriebskosten für die Monate März bis Mai förderfähig seien und entsprechende Überzahlung erstattet werden müsse. Das finde ich insofern in Ordnung, als dass es sich ja nun mal um Steuergelder handelt und sich daraus keine Bereicherung ergeben soll. Bei vielen Selbständigen hat selbst die Höchstsumme der Coronahilfe kaum vier Wochen die laufenden Kosten kompensiert. Ausnahmweise bin ich in dieser Hinsicht mal in einer besseren Position. Das denke ich, bis ich die Email des Wirtschaftsministeriums öffne. Wo es bei Antragstellung und im Bewilligungsbescheid noch hieß „alle Betriebskosten", hat man das meiste davon jetzt rückwirkend gestrichen. Im Klartext bedeutet das, dass von der ursprünglichen Aussage der deutschen Regierung, dass die Hilfen als rückzahlungsfreier Zuschuss zu verstehen seien, nichts übrig geblieben ist, außer der Erkenntnis, dass sich das Ganze mehr oder weniger als Kredit entpuppt hat, aber als Hilfe verpackt wurde, die nicht zurückgezahlt werden muss. Ein weiterer Schlag ins Gesicht. Wieder liege ich nächtelang wach und rechne wieder und wieder durch, wie lange mich meine finanziellen Reserven am Leben halten.

Ende Mai werden in Deutschland wie in Norwegen bei den Tourismusverbänden die Stimmen lauter, dass hier dringend Handlungsbedarf besteht, wenn der Tourismus nicht gänzlich zusammenbrechen soll. Wie in fast allen Bereichen der Wirtschaft, zieht auch im Tourismus eine Branche die nächste in den Abgrund und auch mir wird in diesen Tagen erst in vollem Umfang bewusst, wie eng verwoben die Wirtschaft ist, nicht nur innerhalb der einzelnen Länder, sondern auch international. Dabei keimt immer wieder die Diskussion auf, was denn nun wichtiger sei, die Gesundheit oder die Wirtschaft. Ich denke intuitiv: beides! Und ich will mich nicht damit abfinden, dass Reisen und Infektionsprävention sich zwingend ausschließen. Einmal mehr zwinge ich mich dazu, die Hoffnung nicht aufzugeben.

Juni 2020

Neue positive Stimmung keimt auf. Es darf wieder gereist werden, allerdings noch nicht international, aber zumindest Ferien- und Freizeitreisen innerhalb des eigenen Landes sind wieder möglich. Ein Anfang. Viele machen im Juni davon fleißig Gebrauch, denn die Reiselust der Menschen ist ungebrochen. Norwegen gibt außerdem bekannt, dass im nächsten Monat auch damit begonnen werden soll, die Einreise für Touristen wieder zu ermöglichen. Ich wage noch nicht zu hoffen, dass dann auch Deutsche wieder nach Norwegen einreisen dürfen. Und selbst wenn es so ist, heißt das noch nicht, dass ich wieder arbeiten kann.

Hurtigruten schickt uns Reiseleitern regelmäßig den Buchungs-stand der Gruppenreisen zu. Seit Beginn der Pandemie ist die Zahl der Teilnehmer kontinuierlich geschrumpft. Das ist kaum verwunderlich, wenn man als Reisender erstens kaum abschätzen kann, ob die gebuchte Reise stattfinden wird und zweitens nicht weiß, unter welchen Umständen sie möglicher-weise stattfinden wird. Da haben viele die Reißleine gezogen und den Urlaub gleich auf nächstes Jahr verschoben. Bei allen Gruppenreisen gibt es eine Mindestteilnehmerzahl und keiner von uns weiß zu diesem Zeitpunkt, ob diese Mindest-teilnehmerzahl nun herabgesetzt wird oder die Gruppenreisen gleich ganz abgesagt werden, obwohl das Reisen wieder möglich ist. „Det ordner seg alt", bete ich fast wie ein Mantra in diesen Tagen.

Die ungebändigte Reiselust zeigt sich in Deutschland bereits am Pfingstwochenende. Durch den Massenandrang an den Ostseestränden ist es kaum noch möglich Abstand zu halten, ganze Orte werden abgesperrt um die Zahl der Besucher zu regulieren. Auch die Norweger reaktivieren ihre Freizeitreisen und kehren dazu zurück, die Wochenenden auf ihrer Hytta zu verbringen. Und Norwegen öffnet außerdem tatsächlich zum 15. Juni die Grenzen zu den nordischen Ländern. Bitte weiter so! Was für ein Glücksmoment, der aber zugleich gedämpft wird. Immer montags, mittwochs und freitags findet eine Pressekonferenz der norwegischen Regierung statt. Und so wie dort bekannt gegeben wurde, dass zumindest Skandinavien sich wieder gegenseitig besuchen darf, bringen Gesundheits- und Justizministerium ins Spiel, die Einreise für alle anderen europäischen Länder erst nach dem 1. Januar 2021 wieder zu erlauben. Wie bitte? Das kann doch nicht deren Ernst sein. Verständlich, dass der norwegische Tourismusverband sich einmal mehr zu Wort meldet. Und auch ich denke, dass man dann eigentlich die Grenzen auch nicht mehr zu öffnen braucht. Keiner im Tourismus wird bis dahin überleben. Wieder liegen schlaflose Nächte vor mir.

Wenig später kommt diesmal ein Hoffnungsschimmer aus Deutschland. Die finanziellen Hilfen für Unternehmen werden verlängert. Ich hoffe mit mehr Weitsicht als die erste Coronahilfe. Tatsächlich scheint das auf den ersten Blick so. Besonders Reisebüros soll nun geholfen werden, da sie monatelang damit beschäftigt waren, Reisen zu stornieren und rückabzuwickeln. Viel Arbeit, kein Ertrag. Auch jetzt ist für mich die Vorstellung grauenhaft, weiterhin finanziell vom Staat abhängig zu sein, allerdings beeinträchtigen die schlaflosen Nächte zunehmend ebenfalls meine Gesundheit. Ich muss also wohl oder übel in diesen sauren Apfel der staatlichen Unterstützung beißen.

Wenig später hebt die deutsche Regierung die Reisewarnung für europäische Länder auf. Endlich geht es aufwärts. Reisen nach Übersee sind nach wie vor tabu, aber da Norwegen bekanntlich zu Europa zählt, gibt es zumindest für mich ein Licht am Ende des Tunnels.

Am 25. Juni beschließt auch Norwegen, die Grenzen zu den meisten europäischen Ländern zu öffnen. Offensichtlich ist die Idee des 01.01.2021 als Öffnungsdatum vom Tisch. Endlich. Wie nett, dass die norwegische Regierung dafür den 15. Juli festlegt, meinen Geburtstag. Was für ein hübsches Geburtstagsgeschenk. Zwar gibt es Richtwerte für die Einreise, aber die Aufbruch-stimmung wischt die Sorgen weg. Nicht mehr als zwanzig

Neuinfektionen pro 100.000 Einwohner in den letzten vierzehn Tagen dürfen es sein, dann steht der Einreise nichts im Weg. Zu diesem Zeitpunkt liegt Deutschland weit unter diesem Wert. Die norwegische Regierung stellt eine Europakarte ins Netz, die veranschaulicht, welche Länder die niedrigen Infektionszahlen erfüllen und welche nicht. Die Einwohner der Länder, die grün eingefärbt sind, dürfen einreisen. In den kommenden Wochen wird diese Karte so etwas wie unser heiliger Gral werden. Bis zuletzt habe ich an dem Gedanken festgehalten, dass wenigstens die Augustreise stattfinden kann, sofern sich nicht spontan wieder Teilnehmer entschieden haben, ihre Traumreise erst nächstes Jahr zu absolvieren und auf dieser Tour niemand mehr gebucht ist. Jetzt ist die Reise zum Greifen nahe. Ich bete, dass ich fahren kann.

Juli 2020

Mein Telefon klingelt und ich erkenne gleich die Hamburger Nummer von Hurtigruten. „Wir wollen mit Dir mal die Details für Deine erste Reise nach dem Lockdown besprechen." „Ja, aber so was von gerne", denke ich, obwohl wir ja erst Anfang des Monats haben und es bis zu meiner Augustreise noch ein paar Wochen hin sind. Ich höre mir die Details zur Bergenbahn an und werfe ein, dass die Augustreise doch gar keine Bergenbahn beinhaltet. „Aber wir reden doch von der Julireise." Was?

Julireise? Ich fahre bereits diesen Monat schon?" Eine Reise, die ich bereits unter sämtlichen Hoffnungen begraben hatte. Ich kann mein Glück kaum fassen.

Wenig später bekomme ich zum ersten Mal nach fünf langen Monaten meine Reiseleiterunterlagen. Was für ein Gefühl. Ich habe schon nicht mehr daran geglaubt, dass ich diesen Sommer noch einmal die norwegischen Fjorde sehe und entlang der norwegischen Küste fahre. Ich habe unendliches Glück, dass die Richard With bereits im Einsatz ist und die Reise nicht flach fällt, weil das entsprechende Schiff noch nicht reaktiviert ist. Ganze acht Gäste stehen auf meiner Liste, ok, nicht viel, aber eine lauschige Gruppe ist ja auch mal ganz schön. Egal zu welchem Zeitpunkt die Gruppenreisen wieder starten, werden die Gruppen wohl eher klein sein. Zu groß ist die Unsicherheit der gebuchten Gäste. Soll man schon stornieren oder noch warten? Kein Mensch weiß es. Aber welchen Zeitpunkt zum Restart man auch festlegt, immer werden sich viele entscheiden, den Beginn ihrer Reise auf das nächste Jahr zu verschieben.

Ich muss mich geradezu erstmal zurückerinnern, wie die übliche Vorbereitungsroutine denn war. Man ist ja ganz aus der Übung nach den lähmenden letzten Monaten. Aber Gelerntes kommt ja für gewöhnlich schnell zurück und auf einmal teilt man wieder Plätze für die Bergenbahn ein und schreibt den Informationszettel für die Gäste, der ihnen am Flughafen bei der Ankunft ausgehändigt wird. Er wird diesmal besonders lang. Ich suche schon mal die wichtigsten Dinge zusammen, wie denn das Handling beim Reisen in Coronazeiten ist. Ja, es wird eine so ganz andere Reise, als wir es noch vor Ausbruch des Virus kannten. Bargeld ist ja in Norwegen schon lange kein unbedingt erwünschtes Zahlungsmittel mehr. Jetzt wird man als Barzahler vielerorts regelrecht ausgegrenzt. Die Bergenbahn verweigert ab sofort jede Zahlung mit hübschen bunten Banknoten. Hoffentlich habe ich in meiner Gruppe Gäste erwischt, die ein Kartensortiment mit sich führen. In der Vergangenheit gab es durchaus immer mal Gruppengäste, die sich der Zahlung mit Plastikgeld widersetzten und nicht über eine Kreditkarte verfügten. Das könnte jetzt zum Problem werden. Abwarten.

Bei der Einteilung der Sitzplätze für die Bergenbahn wird mir jedenfalls klar, dass wir dort viel Platz haben werden. Neun Personen, zwanzig Sitzplätze. Ein Abstandsproblem werden wir da eher nicht haben. Auch auf den Schiffen gibt es umfangreiche Maßnahmen, von denen ich einige schon in meinen Informationszettel aufnehme. Wie es dann wirklich werden wird, erfahre auch ich erst auf dem Schiff. Ist ja auch schließlich meine erste Reise unter Corona-Bedingungen. Spannend. Vorsorglich decke ich mich mit Masken ein. Auch wenn es in Norwegen keine Maskenpflicht gibt, kann es nicht schaden, sie griffbereit zu haben. Und auch wenn ich nicht zu denen zähle, die Angst davor haben, sich mit dem Virus zu infizieren, kann auch eine FFP2 Maske für den Flug nicht schaden. Nur nicht darüber nachdenken, dass das Ding dicht ist. Ich sehe mich jetzt schon schweißüberströmt im Flieger sitzen, aber egal. Wo man im Flieger doch eng zusammenhockt, ist schwitzen im Verhältnis zum Eigenschutz wohl das geringere Übel.

Auf einmal wird es hektisch. Wie fast immer vor den Touren, denn im einen Moment denke ich noch, dass ja noch unendlich viel Zeit bis zur Ankunft der Gäste ist und dann ergeben sich Dinge, die unbedingt noch vor der Tour erledigt werden müssen. So auch diesmal, allerdings in einer anderen Dimension. Die Bundesregierung hat ja im Juni bereits eine neue Überbrückungshilfe für Unternehmen beschlossen, die sich weiterhin in einer besonderen Notlage befinden, aber bislang wusste ich nur, dass das Ganze über den Steuerberater beantragt werden muss, damit Betrugsfälle möglichst auf ein Minimum reduziert werden. So weit, so gut. In meinem laienhaften Verständnis von derartigen Vorgängen gehe ich davon aus, dass die Firmenkontoauszüge hierfür herangezogen werden um festzustellen, dass der Umsatz um mindestens siebzig Prozent im Vergleich zum Vorjahr zurück gegangen ist. Ach was, siebzig Prozent? Ich kann hundert Prozent bieten. Galgenhumor. Nach dem Telefonat mit meinem Steuerberater bin ich ernüchtert. Für den Antrag ist die gesamte Buchhaltung zu prüfen bis Stand heute. In meinem Fall bedeutet das: sämtliche Belege des Jahres 2019 und 2020 müssen vor der Tour noch abgeheftet und dem Steuerberater übermittelt werden. Nein, bitte. Wo ich das Ganze doch immer so schön vor mir her schiebe, weil ich für Ablage mal so gar nichts übrig habe. Ok, es hilft nichts. Bis die Gäste am 21. Juli aufschlagen, muss ich den ganzen Kram irgendwie bewältigen.

Zwei Tage vor der Anreise der Gäste ist tatsächlich alles fertig und liegt zur Verarbeitung beim Steuerberater und sofort ist die Sorge wieder da, ob die Hilfen erneut gewährt werden. Aufgrund der Zahlen sollte die Lage eindeutig sein, aber die ständige Sorge um die Existenz macht einen langsam zum emotionalen Nervenbündel. Die Machtlosigkeit ist wieder da und mit ihr ist am schlechtesten zu recht zu kommen. Ich versuche das Ganze weg zu schieben und meiner Freude über die bevorstehende Tour freien Lauf zu lassen.

Am Vorabend der Ankunft der Gäste besucht mich eine Freundin aus Deutschland. Sie hat sich nicht zweimal sagen lassen, dass Norwegen die Grenzen wieder geöffnet hat und ist spontan nach Oslo gekommen. Wie etwas, das bis Februar völlig normal war, einen jetzt im Juli doch in einen Freudentaumel versetzt. Es ist Sommer, es ist warm, ein idealer Tag um auf den Hafenstufen zu sitzen und zu plaudern - wie in alten Zeiten. Und doch bleibt die Unbeschwertheit aus, obwohl wir sie krampfhaft wieder zu beleben versuchen. Meine Freundin hat zwei Flaschen Wein aus Deutschland mitgebracht. Auch das ist fast wie in alten Zeiten. Das Viertel Akerbrygge scheint uns geeignet, um uns nieder zu lassen und mit Blick auf die Festung Akershus ein Glas zu genießen. Natürlich haben wir die Flasche angemessen mit einer Papiertüte umwickelt, denn in Norwegen darf auf offener Straße kein Alkohol konsumiert werden. Allerdings ist das gar nicht so einfach. Überall auf den Stufen sitzen die Norweger schwatzend und feiernd. Moment mal, haben wir was verpasst? Ist Corona verschwunden? Schon in den letzten Wochen haben sich immer mehr dazu hinreißen lassen ihrem Feierbedürfnis wieder nachzugehen. Das anhaltende schöne Wetter tat sein Übriges dazu. Heute ist es besonders extrem. Abstand? Wozu. Und die Maske war hier ja sowieso nie ein Thema. Und sofort ist sie wieder da: die Sorge darüber, ob das langfristig gutgehen kann. Nur nicht drüber nachdenken.

Wir suchen uns ein Plätzchen fast am Ende des Hafens, wo die Masse der Menschen überschaubar und der Abstand kein Problem ist. Selbst wir zwei setzen uns mit dem gebotenen Abstand zueinander hin und wahrscheinlich denken die Norweger, dass wir nicht alle Tassen im Schrank haben. Uns ist es egal. Auch mit eineinhalb Meter zwischen uns können wir den Abend genießen, lustig schwatzend über dies und das und froh über ein physisches Treffen nach den langen Monaten der digitalen Unterhaltung. Allzu spät lassen wir es diesmal nicht werden und auch mit dem Alkoholkonsum halten wir uns zurück, bevor er zur altbekannten Nachlässigkeit führt.

Die Juli-Tour - ein neuer Anfang

Oslo, 21. Juli

Es ist soweit. Ankunftstag der Gäste. Ich mache mich auf den Weg zum Flughafen. Gemischte Gefühle. Wie mag die Gruppe sein. Werden alle kommen, die auf meiner Liste stehen? Im Zug ist es mäßig voll, ein gutes Gefühl, denn man sitzt ja ohne Maske hier. Dieses Virus macht einen langsam paranoid. Ständig kreisen die Gedanken um die Hygienemaßnahmen und das Ansteckungsrisiko. Haben wir alle verlernt zu leben? Ich beschließe, dass es jetzt in meinem Kopf mal gut damit ist und ich ab sofort versuchen werde, auch mit den entsprechenden Vorkehrungen jetzt wieder auf „normal" umzuschalten. Ich bin gespannt, ob es mir gelingen wird. Dass es wieder los geht mit dem Job ist auf jeden Fall hilfreich dabei.

Am Flughafen angekommen erfasst mich ein Gefühl von absoluter Nicht-Normalität. Menschenleer alles. Vielleicht sollte ich mir ein Mantra überlegen. Alles normal, alles normal, alles normal, ommmmmmmm. Der gesamte Flugplan des Tages passt auf die vier Monitore, die über dem Ausgang „Ausland" hängen. Fast alle Geschäfte sind noch geschlossen und haben bisher nicht zu ihrer Wiedereröffnung gefunden. Trostlos. Mensch, ich wollte doch zumindest im Kopf wieder zur

Normalität zurückfinden. Warten auf die Gäste. Der Flieger aus Amsterdam soll pünktlich landen. Ich bete jetzt schon, dass auch das Gepäck von allen ankommen möge. Jetzt, wo der Flugplan ja so extrem zusammen gestrichen wurde, wird es ein lustiges Unterfangen, wenn die Koffer den Gästen nachreisen müssen.

Während ich warte, checke ich schon mal den Infoschalter, an dem wir üblicherweise den Transferbus bestellen. Dort prangt ein hübsches Schild: wegen Corona zurzeit nicht besetzt. Prima. Den Bus hier zu bestellen fällt heute flach. Also gehe ich in den Bereich Abflug, ein Stockwerk höher, wo sich ebenfalls ein Infoschalter befindet. Aber auch hier ist es dasselbe: Coronabedingt geschlossen. Der ganze Flughafen wirkt irgendwie verlassen. Wie komme ich jetzt an meinen Transferbus, wenn die Gruppe bereit dafür ist, in die Stadt zu fahren? Moment. Letztes Jahr wurde doch der Schalter umgebaut und war ebenfalls nicht besetzt. Hatte ich da nicht eine Telefonnummer vom Parkplatz, an dem die Busse warten, bis sie am Terminal vorfahren? Gut, dass ich von allen Reisen des vergangenen Jahres die Unterlagen noch auf dem Handy gespeichert habe. Ich werde fündig, die Kommunikation ist gesichert.

Endlich ist der Flieger gelandet. Kein Gast kommt. Sollten alle noch kurzfristig storniert haben? In diesen Zeiten muss man ja mit allem rechnen. Es dauert und dauert. Ich setze schon mal meine Maske auf, denn am Flughafen muss ich lauter sprechen und ich will meine Gäste ja nicht gleich mit meinen Aerosolen vollsabbeln. Endlich kommen zwei, die auf mein Hurtigruten-Schild reagieren. Juhu, die ersten Gäste sind da. Was für ein tolles Gefühl. Aber die Koffer fehlen. Nein, bitte. Wenigstens weiss ich, warum es so lange gedauert hat, bis die ersten Gäste aufgetaucht sind. Hoffentlich fehlen die Koffer nicht auch bei den anderen sechs Gästen. Heute kommt kein Flug mehr aus dem Ausland nach Oslo, die Koffer werden gleich nach Bergen geflogen. Ich schicke ein Stoßgebet zum Himmel, dass das funktioniert. Erster Smalltalk mit den Gästen. Herrlich. „Wir haben gesagt, wenn es möglich ist, fliegen wir auf jeden Fall" sagen sie zu mir, es klingt wie Musik in meinen Ohren. Entspannt beschnuppern wir uns beim ersten plappern und warten auf die sechs weiteren Gruppenmitglieder. Nichts tut sich. Zeit, die Notfallnummer anzurufen, ob zu den Fehlenden Informationen vorliegen. Es stellt sich heraus, dass zwei noch kurzfristig storniert haben, die anderen vier sollten im Flieger sein. Da wir aber schon fast eine dreiviertel Stunde hinter der vereinbarten Transferzeit sind und auch der Guide in Oslo für unsere Stadtrundfahrt wartet, beschließe ich, zu starten. Die fehlenden Gäste werden dann per Taxi zum Hotel gebracht.

Im Transferbus ist der vordere Teil abgesperrt, damit die Gäste nicht mit dem Busfahrer in Kontakt kommen. Unser Fahrer staunt nicht schlecht, als ich nur mit zwei Urlaubern auftauche.

In einem Bus mit fünfzig Plätzen ist Abstand heute kein Problem. Für das Mikrofon im Bus habe ich mir vorsorglich Membranfolie besorgt. Ich weiß ja nicht, wer da vorher rein gespuckt hat. Mal abgesehen davon, dass es mir zum Eigenschutz dient, sollen auch die Gäste sehen, dass wir als Reiseleiter das Virus ernst nehmen und uns ein möglichst geringes Ansteckungsrisiko am Herzen liegt. Auf dem Weg in die Stadt gebe ich die ersten Instruktionen über das Programm heute und morgen, aber es bleibt ein ungewöhnliches Gefühl, wenn nur zwei Gäste im Bus sitzen. In Oslo angekommen nehmen wir unseren Guide Svein auf, den ich besonders mag, und den ich natürlich auch sehr lange nicht gesehen habe. Wie schön, dass wir endlich wieder zusammen arbeiten können. Svein staunt nicht schlecht, als er den Bus betritt. „Wo sind die Gäste" fragt er mich. Ich zeige auf die zwei. „Hier!". Eine verrückte Welt ist das im Moment. Wir lachen alle herzlich und machen uns in dieser Minibesetzung auf den Weg zum Fram-Museum. Erste Station der Stadtrundfahrt. Svein muss sich ständig in seinen Formulierungen korrigieren. Wie soll man sich auch die Anrede „Meine Damen und Herren" so schnell abgewöhnen, wenn man bislang immer einen vollbesetzten Bus im Rücken hatte. Auch für ihn ist es die erste Tour nach dem Lockdown. Natürlich nehmen wir es alle mit Humor und veranstalten mehr einen touristischen Schnack als eine Stadtrundfahrt im herkömmlichen Sinne - und haben eine Menge Spaß.

Im Fram-Museum sind wir die einzigen Besucher. Ok, es ist auch bereits eine halbe Stunde vor Schließung. Trotzdem spürt man, dass einfach die Touristen fehlen. Das Polarforschungsschiff Fram, dessen Name übersetzt „vorwärts" heißt, und das hier ausgestellt ist, wurde mit Absperrungen versehen, damit man sich in diesen Zeiten unter Wahrung des Abstandes hindurch bewegen kann. Da wir sowieso die Einzigen Besucher sind, ist das kein Problem. Fast scheint es so, als wenn der Name des Schiffes uns animieren soll, vorwärts zu gehen, in eine neue Zeit, in der wir mit Corona leben. Klingt pathetisch und beim Bau des Schiffes dachte an so etwas niemand, aber der Grundgedanke des Namens der Fram ist heute wie vor mehr als hundert Jahren derselbe.

Weiter geht es zur Skisprungschanze am Holmenkollen. Auch hier ist es menschenleer. So kurz nach der Grenzöffnung sind fast keine Touristen in der Stadt. So schön es ist, wenn es hier in der Hochsaison nicht brechend voll ist, so sehr denke ich an die vielen Existenzen, die dadurch auf dem Spiel stehen. Noch habe ich die Hoffnung, dass der Strom der Touristen jetzt stetig wächst und wieder Geld ins Land gespült wird. Es ist dringend nötig. Die Kommune Oslo weist in ihren Einnahmen einen so eklatanten Fehlbetrag aus, dass nicht annähernd alle laufenden Verpflichtungen bedient werden können. In anderen Regionen sieht es nicht besser aus. Ein finanzielles Trümmerfeld. Erstmal sollen die Gäste aber ihre Tour genießen und ihre Begeisterung nach der Reise mit nach Hause nehmen. Wir brauchen Enthusiasmus.

Letzte Station: Vigelandpark. Normalerweise tummeln sich hier im Juli Menschenmassen, vor allem Chinesen. Dieses Jahr nicht. Alles, was nicht zur EU gehört, darf erst wer weiß wann wieder einreisen. Es ist die Chance, auch in den Sommermonaten ein Foto vom Sinnataggen zu machen, dem kleinen Trotzkopf, eine der bekanntesten Figuren im Vigelandpark. Überhaupt ist der Park ein Gesamtkonzept. Gustav Vigeland hatte es zur Bedingung gemacht den Park nach seinen Vorstellungen zu gestalten und die Stadt Oslo gestand es ihm zu. Der Kreislauf des Lebens fand so in Bronze- und Granitfiguren zu einer beeindruckenden Darstellung und durch ein kleines, gemeines Virus wird uns die Bedeutung dieses Lebenskreislaufes fast achtzig Jahre nach seiner Fertigstellung einmal mehr präsent. Ein zeitloses Projekt.

Als wir am Abend am Hotel ankommen hoffe ich, dass die vier fehlenden Gäste aufgetaucht sind. Fehlanzeige. Erstmal aber checke ich die Gäste ein. In der Lobby ist alles mit Bändern abgesperrt, damit man sich dort coronakonform bewegen kann. Ich nehme die Schlüsselkarten entgegen und erhalte auch hübsche Einlasszettel für den Frühstücksraum. Jeder bekommt eine zugewiesene Frühstückzeit, damit sich nicht zu viele Gäste gleichzeitig am Buffet aufhalten. Wieder rufe ich die Notfallnummer an, ob neue Informationen zu den fehlenden Gästen vorliegen. Offensichtlich haben auch sie in letzter Minute auf das nächste Jahr umgebucht. Wir bleiben also in unserer Gruppe zu dritt, inklusive mir. Auch mal eine neue Erfahrung.

Bergenbahn, 22. Juli

Wie habe ich das Aufstehen um fünf Uhr vermisst. Also nicht wirklich, aber heute genieße ich es geradezu. Was für ein tolles Gefühl wieder arbeiten zu können. Um 6:15 Uhr bin ich unten in der Lobby, der Porterservice wird sich wahrscheinlich auch kaputt lachen, dass er für drei Koffer antanzt. Und gleichzeitig ist es unendlich traurig. 6:20 Uhr ist er da und staunt nicht schlecht, dass die Gruppe aus nur zwei Gästen besteht. Augen zu und durch. Wir widmen uns erstmal dem Frühstücksbuffet. Hier ist es in der Tat wie vor Corona, jeder kann sich selbst bedienen. Auch wenn das zu diesem Zeitpunkt den Vorschriften der norwegischen Regierung entspricht, ist mir das nicht geheuer. Aber es hilft ja nix. Ohne Frühstück in die Bergenbahn ist auch nicht gerade erbaulich. Fast mit spitzen Fingern bedienen wir uns alle am reichhaltigen Angebot und alle haben wir ein mulmiges Gefühl dabei. Da ist sie wieder: die nicht mehr vorhandene Unbedarftheit. Sie ist in den letzten Monaten leider gänzlich verloren gegangen.

Nach dem Frühstück machen wir uns auf den Weg zum Bahnhof. Wo der Bahnsteig sonst vor Reisenden überquillt, ist heute gähnende Leere. Lediglich ein paar Norweger haben den Zug gebucht. Wir haben heute einen ganzen Wagon für uns, sowas ist auch noch nie vorgekommen. Natürlich gibt es ein gutes Gefühl wegen des Abstandes, aber ich frage mich langsam, wo das noch hinführen soll. Nur nicht drüber nachdenken, sonst springt man gleich in den Fjord. Nach einer halben Stunde kommt der Schaffner und als ich ihm sage, dass wir die Hurtigrutengruppe sind, ist er versucht, meinen Gästen einen Orden zu verleihen. Sie sind die ersten Touristen der Bergenbahn nach dem Lockdown. Ein Orden, den man wahrlich nicht anstrebt. Andererseits sind meine beiden vielleicht so etwas wie ein Neuanfang. Hoffentlich.

Erstmal genießen wir die Fahrt und ich erzähle einiges zur Strecke, es ist fast wie früher. Fast. Das Wetter meint es gut mit uns, die Landschaft erstrahlt im norwegischen Sommer und auch ich erlebe die Fahrt heute wie ein Tourist, der sie zum ersten Mal sieht. Corona hat auch mich gelehrt, dass man sich Genuss bewahren sollte, wo Routine Einzug gehalten hat. Also genießen wir zusammen, schießen Fotos mit Bäumen, Masten und Tunneln und lachen herzlich über so viele missglückte Bilder. Es ist eben nicht so einfach aus dem fahrenden Zug den richtigen Moment zu erwischen. Die beste Speicherkarte haben wir sowieso im Kopf. Wir fahren vorbei an Hønevoss, Gol mit seiner

Stabkirche, über die Hardangervidda, die größte Hochebene Europas, und halten am höchsten Punkt der Strecke, in Finse. Dieses Jahr hat der Schnee auch im Sommer nicht aufgegeben, auf 1.222m finden sich immer noch hier und da kleine Schneefelder, die der warmen Jahreszeit trotzen.

Kaum haben wir die Hardangervidda verlassen, wird die Landschaft wieder lieblicher und die Vegetation üppiger. Wir halten in Voss, der Stadt, aus der etliche norwegische Olympiasieger stammen, und fahren vorbei an Dale, der „Metropole" der hochwertigen Norwegerpullis. Und auch Bergen empfängt uns mit fabelhaftem Sommerwetter, offensichtlich will uns die Stadt für den ganzen Coronazustand entschädigen. In der Bahnhofshalle wartet schon unser Guide. Als der mich mit den zwei Gästen erblickt, folgt auch hier gleich die Frage: „Wo sind denn die anderen Gäste?" „Das ist die ganze Gruppe", entgegne ich. Alle müssen wir lachen. Schön, dass wir es noch können. Natürlich haben wir auch hier einen großen Reisebus. Entspannter Abstand also. Zunächst fahren wir raus zur Fantoft Stabkirche. Wie erwartet sind auch hier keine Touristen, obwohl die entzückende Stabkirche auch vor Corona meist nicht extrem überlaufen war. Sie ist eine Kopie der Originalkirche, die in den 90er Jahren der Brandstiftung zum Opfer fiel. Vor gut zwanzig Jahren baute man sie als Rekonstruktion wieder auf und benutzte dafür das Holz aus demselben Wald, aus dem das der ursprünglichen Kirche stammte.

Wir fahren zurück in die City und steigen heute an der Fischmarkthalle aus. Wo sonst keine Zeit bleibt durch die Innenstadt zu schlendern, nutzen wir heute den Vorteil der kleinen Gruppe. Und so schauen wir uns in aller Ruhe an, was die Fischmarkthalle an Meerestieren in der Auslage hat, spazieren über den Fischmarkt draußen und genießen das Hanseviertel. Jetzt im Juli ist hier normalerweise alles hoffnungslos mit Kreuzfahrttouristen überfüllt, dieses Jahr hat man das UNESCO-Weltkulturerbe fast für sich. Natürlich angenehm für uns, aber das Schwert der Insolvenz schwebt merklich über Geschäften und Tourveranstaltern. Betroffenheit. Und doch versuchen alle, sich nichts anmerken zu lassen und begegnen uns mit überschwänglicher Freundlichkeit. Wir sind eben so etwas wie Hoffnungsträger, ein neuer Anfang, ein zartes Zeichen für den Start in bessere Zeiten.

Wir machen uns auf den Weg zu unserem Schiff. Auch hier werden meine zwei Gruppengäste die ersten Touristen sein, die nach dem Lockdown wieder auf einem Hurtigrutenschiff fahren. Nur vier weitere Touristen werden sich auf der Richard With befinden und gut dreihundert Norweger, die dem Ruf gefolgt sind, Urlaub im eigenen Land zu machen um den Tourismus-betrieben zu helfen das Ganze zu überstehen. Am Terminal ist es leer. Wo sonst die Massen auf den Check-In warteten geht jetzt alles peinlich genau geordnet und mit Abstand zu. Vorbildlich. Zuerst ist der Screening-Bogen fällig, in dem man bestätigt, dass man in den letzten vierzehn Tagen keinen Kontakt zu Covid-Patienten hatte, sich gesund fühlt und auch sonst keine Symptome der Krankheit aufweist. Ein Stockwerk höher wird das erste Mal Fieber gemessen. Ich bin nervös, nicht weil ich denke, dass ich Fieber habe, aber weil mir durch den Kopf geht: was passiert, WENN ich Fieber habe und ich als Reiseleiterin nicht auf das Schiff komme. Ebenso, was passiert, wenn einer meiner Gäste nun Fieber hat und nicht mitreisen kann. Unbeschwertheit adieu! Erwartungsgemäß sind wir alle fieberfrei und ich realisiere, dass zu dem täglichen computergesteuerten „Welcome", wenn man das Schiff betritt, sich jetzt noch ein „Normal temperature" dazu gesellt. Neue Zeiten.

Wir gehen durch die Gangway und ich kann es kaum fassen: nach fünf Monaten bin ich endlich zurück, zurück auf einem der Hurtigrutenschiffe, zurück in meinem geliebten Job. Es ist geradezu unwirklich schön und unsagbar kraftgebend. Aber alles bleibt anders. Kein Gewusel im Schiff am Einschiffungstag, alles zurückhaltend und doch herzerfrischend ermutigend. Ich gehe gleich beim Expeditionsteam vorbei, „hallo" sagen, das Wiedersehen feiern, zu erfahren, wie was gehandelt wird. Am liebsten würden wir uns in die Arme fallen vor Freude, aber die Abstandsregeln erlauben nur den Ellenbogengruß. Macht nichts. Die Sicherheitsübung fällt heute deutlich länger aus, denn es ist nicht nur Thema, was im Notfall zu tun ist, sondern auch, welche Regeln in punkto Corona an Bord gelten. Eigentlich sollten wir das jetzt alle wissen, aber es schadet bekanntlich nicht, noch einmal darauf hinzuweisen. Schon immer habe ich meinen Gästen gepredigt, die Hände so oft wie möglich zu desinfizieren, da ein Schiff immer ein geschlossenes System ist, aber in diesen Zeiten sind desinfizierte Hände wichtiger als je zuvor. Überall im Schiff stehen zusätzliche Spender, Ausreden gibt es also nicht. Da die Schiffe nur mit 50%iger Auslastung fahren dürfen, sollte auch der Abstand leicht einzuhalten sein. Die öffentlichen Kaffeemaschinen sind außer Betrieb, damit dort, wo viele Hände dieselbe Stelle berühren, die Ansteckungsgefahr auf ein Minimum reduziert wird. Kaffee gibt es ja auch auf Deck sieben.

Nachdem wir bei der Sicherheitsübung waren, geht es zum Essen. Wieder Fieber messen, das wird jetzt bei jeder Mahlzeit so sein. Jeder zweite Tisch im Restaurant wird nicht besetzt und auf den Tischen finden sich hübsche Wegwerfspeisekarten. Buffet ist passé, vorerst. So gibt es heute an Tag eins ein zusammengestelltes Menü, auf dem sich in drei Gängen verarbeitet einiges an Zutaten findet, was vor Corona per Buffet erfreut hat. Für den Service ist das deutlich mehr Arbeit, aber auch hier sind alle froh wieder zurück im Job zu sein. Ich sehe viele altbekannte Gesichter. Es ist wie nach Hause kommen.

Natürlich bin ich mit meinen Gästen um 21:30 Uhr draußen. Bergen erstrahlt in fantastisch goldenem Licht. Wie lange hatte ich solches Wetter nicht mehr bei der Abfahrt. Ewig nicht. Wir sind gespannt auf die Reise und ob wir die Coronagedanken in dieser Zeit abschütteln können. Let's go for it!

MS Richard With, 23. Juli

Wetter: top! Frühstück: entfällt. Und das ist meine eigene Entscheidung. Beim Check-In gestern haben wir zu den üblichen Zeiten fürs Dinner jetzt auch feste Zeiten für Frühstück und Mittagessen bekommen. Es dürfen sich zeitgleich nicht zu viele im Restaurant aufhalten. Wer wie wir abends in der ersten Sitzung diniert, muss sich bereits um 7 Uhr zum Frühstück einfinden. Ich habe dafür durchaus Verständnis, aber da das so gar nicht meinem Biorhythmus entspricht, entscheide ich mich, das Frühstück die ganze Tour für mich zu canceln und den Tag mit dem Mittagessen zu starten, das für uns bereits um 12 Uhr auf dem Tisch steht. Ich habe also Zeit für eine Morgenrunde auf Deck fünf. Herrlich. Wie ein Kind freue ich mich auf den Geirangerfjord heute, als hätte ich ihn noch nie zu Gesicht bekommen. Corona lehrt einmal mehr Demut. Zunächst steht aber Ålesund an, jedoch nur mit einem kurzen Stopp, da wir verspätet unterwegs sind. Warum, weiss ich nicht. Macht nichts, schließlich sind wir ja heute Abend noch einmal hier. Wenn die Verspätung so bleibt, passt das sogar zu unserer Dinnerzeit.

Nach dem Mittagessen bin ich kontinuierlich draußen und suche nach meinen Gästen. Auch für mich ist das ein eigenartiges Gefühl mit nur zwei Gästen zu fahren, denn auch sie haben ein wenig die Position auf dem Präsentierteller, da sie nun mal die einzigen sind. Das ist für mich als Reiseleiterin ein Balance-Akt zwischen Bemutterung und Zurückhaltung. Gleich heute morgen habe ich den beiden daher die Entscheidung überlassen, ob sie Lust auf Vorträge haben, also in diesem Fall eher auf eine Art Norwegen-Talk. Wir Reiseleiter machen ja immer Vorträge für unsere Gäste. Nicht alle kommen natürlich, denn der ein oder andere will nur die Natur bewundern, aber hat keinen Bedarf an spezieller Information. Bei zwei Gästen ist die Situation insofern kurios, als dass man als Reiseleiter ein Programm anbieten möchte, die Gäste sich aber möglicherweise genötigt fühlen, hinzukommen, da es ja nun mal bei zwei Gästen gleich auffällt, wenn sie sich mangels Interesse von den Vorträgen fernhalten. Also Flucht nach vorne. Und auch meine Gäste treten die Flucht nach vorne an und sagen ehrlich, dass sie keine Vortrags-menschen sind. Damit können wir alle leben und keiner muss ein schlechtes Gefühl haben.

Während der Fahrt durch den Storfjord sehe ich keinen der beiden, aber als wir in den Geirangerfjord einbiegen, treffe ich beide am Bug. Ich geselle mich dazu. Kaum jemand steht hier vorne, obwohl mehr als dreihundert Passagiere auf dem Schiff sind. Aber die Norweger sind eher von der Sorte: im Liegestuhl entspannen und die Ruhe genießen. Gelegentlich blinzeln sie in die Landschaft, aber eben nicht mit dem Blick eines Touristen. Also erfreuen wir uns daran, dass sich heute nicht die Massen am Bug stapeln und betrachten die herrliche Landschaft. Über dem Geirangerfjord liegt eine nie gekannte Stille. Als hätte jemand die Zeit angehalten und uns dahin zurück geworfen als Massentourismus noch kein Thema war. Friedlich ist es. Dem gegenüber stehen auch hier die Menschen, die auf die Einnahmen aus dem Tourismus angewiesen sind. Auch wenn zur zeit viele Norweger im eigenen Land unterwegs sind, so buchen sie doch wenig Ausflüge und auch in Souvenirläden verirren sie sich höchst selten. Von einem Extrem ist man hier ins andere gefallen.

Auch unser Ausflug in Geiranger über den Trollstigen bis nach Molde findet heute nicht statt. Das liegt nicht nur an zu wenigen Anmeldungen, sondern auch daran, dass kein Restaurant an der Ausflugsstrecke bis heute wieder den Betrieb aufgenommen hat. Es kommen einfach zu wenige Touristen. Für die meisten Restaurants ist es günstiger gar nicht erst wieder zu öffnen als mit ein paar Gästen dahin zu dümpeln.

Am Ende des Geirangerfjord angekommen sind wir die einzigen dort. Kein Kreuzfahrtschiff ist da, natürlich nicht. Alle Reedereien haben ihre Touren nach Norwegen abgesagt, da die Regierung sich lange Zeit gelassen hat, sich zu einer Öffnung der Grenzen durchzuringen. Hinzu kommt, dass die Hygienekonzepte noch nicht ausgereift sind. All das beschert uns heute, dass wir uns alleine hier befinden. Vereinzelt paddeln Kajakfahrer neben unserem Schiff. Die Fähre von Geiranger nach Hellesylt hornt uns freundlich zu. Wir drehen um und machen uns auf den Rückweg nach Ålesund.

Unsere Verspätung haben wir gehalten. Erst um 19:15 Uhr legen wir an, parallel dazu wird uns das Dessert serviert. Schnell hinunter damit und ab nach draußen. Viele Passagiere tun es uns gleich. Auch die Norweger wollen offensichtlich die Stadt des Jugendstils unter die Lupe nehmen oder sich einfach nur die Beine vertreten. Es ist zwar mehr ein Galopprundgang, aber schließlich haben wir ja auch den Geirangerfjord gesehen.

MS Richard With, 24. Juli

Schütteregen. Mist. Ja, wir sind eben nicht in der Karibik. Meine Gäste sind früh in die Stadt aufgebrochen, man weiß ja eben nicht wie das Wetter südgehend sein wird, wobei es ungemütlicher kaum geht als heute. Ich bin hin- und hergerissen und entscheide mich dann gegen einen Stadtrundgang. Der nahe gelegene Supermarkt muss heute als Attraktion reichen. Trotz Regenjacke bin ich nach meinem kleinen Ausflug nass bis auf die Haut. Schnell trocken legen und ab zum Mittagessen. Im Moment wird die Einteilung, wann man dafür im Restaurant erscheinen muss, nicht den Liegezeiten angepasst, es ist organisatorisch einfach nicht drin, wenn man nicht den ganzen Tagesablauf durcheinander bringen will. Auch wenn man so gelegentlich um seine Mahlzeit gebracht wird, nehmen die Gäste das nicht zum Anlass, sich zu beschweren. Alle wissen, dass man mit Einbußen leben muss, wenn man sich jetzt in den Urlaub begibt.

Ich bin somit auch ziemlich allein im Restaurant. Die norwegischen Gäste haben sich ebenfalls überwiegend in die Stadt begeben. Viele sind aber auch ganz ausgestiegen, denn für die Norweger ist die Hurtigrute immer noch mehr schnelles Transportmittel als Urlaubsattraktion. Dementsprechend buchen sie meist eine Teilstrecke im Gegensatz zu den Touristen. Vor dem Schiff steht ein kleines Zelt für die Neuankömmlinge, die heute einsteigen. Auch sie müssen den Screening-Bogen ausfüllen. Jetzt, wo so viele Einheimische auf den Schiffen sind, ist das Reisen ein völlig anderes. Die Fluktuation der Gäste ist viel höher als üblich, quasi wie in alten Zeiten, als in jedem Hafen Gäste dauerhaft ausstiegen und neu zustiegen. Eine neue

Erfahrung für mich, denn diesen Zustand kannte ich bis jetzt nicht.

Zum Nachmittag verbessert das Wetter sich nicht und der Leuchtturm Kjeungskjær präsentiert sich in einer grauen Regensuppe mit ordentlichem Wind. Was ist mit der vielgelobten Eigenschaft der Norweger bei jedem Wetter draußen zu sein. Heute lässt sich kaum einer an Deck blicken, wahrscheinlich ist das Bier drinnen doch attraktiver. Auch meine Gäste finden den Panoramasaal gemütlicher. Kein Wunder, ist ja diesmal auch kein Problem hier einen der Relax-Sessel zu ergattern. Vor Corona gab es hier ja immer Spezialisten, die in hübscher Strandliegenmanier meinten, Plätze hier ganztägig reservieren zu können. Mit so wenigen Gästen an Bord hat sich diese Unart vorläufig erledigt.

Den Stokksund lassen wir heute aus, da der Wind sich zu einer frischen Brise aufgebaut hat und es so hartnäckig regnet, dass die enge Durchfahrt weder für die Jungs auf der Brücke noch für die Passagiere zum Vergnügen geraten würde. Erst in Rørvik am Abend wird das Wetter deutlich besser und beschert uns einen spektakulären Sonnenuntergang. Ich überlege, ob wir ein südgehendes Schiff treffen. Man ist ja daran gewöhnt, dass für gewöhnlich morgens und abends das Gegenschiff an uns vorbei fährt. Aber noch sind nicht alle Schiffe wieder im planmäßigen Linienverkehr. Und da ich ja normalerweise bei meinen Touren quer über die gesamte Flotte springe, habe ich auch nicht alle möglichen Schiffskombinationen im Kopf. Ich muss also die App Marine Traffic zu Hilfe nehmen, die mir heute aber kein südgehendes Hurtigrutenschiff anzeigt, schade. Schon heute Morgen in Trondheim blieb die Schiffsbegegnung aus. Es ist eben alles noch nicht wie es sein soll.

MS Richard With, 25. Juli

08.08 Uhr. Wir passieren den Polarkreis. Wir haben schon wieder Tag vier? Unfassbar! Dass die Touren wie im Flug vergehen, hat sich auch nach dem Lockdown nicht verändert. Ich bin bereits draußen und lasse mir den Wind um die Nase wehen. Eine halbe Stunde später erfolgt endlich die erste Schiffsbegegnung der Tour. Wir treffen die südwärts fahrende Midnatsol. Ein Stück Normalität ist zurück. Wie man sich auf einmal über Dinge freuen kann, die vor ein paar Monaten noch so selbstverständlich waren. Es wird hin und her gehornt, auch die Schiffe freuen sich offensichtlich wieder Unterhaltungen zu pflegen. Und dann taucht das hübsche Ørnes auf, schön wie eh und je. Kurzer Stopp und weiter fahren wir gen Norden vorbei an den entzückenden Inseln mit ihren verschlafenen Booten. Ich setze mich in meine Sprechstunde, obwohl ich weiß, dass der Andrang überschaubar sein wird, egal. Auch der ein oder andere norwegische Gast kommt bei mir vorbei und wir halten ein Schwätzchen.

In Bodø kann sich das Wetter nicht recht entscheiden zwischen Regen und Sonnenschein, aber wenigstens finden hier Ausflüge statt. Es haben sich genug Teilnehmer für die RIB Boot Tour zum Gezeitenstrom Saltstraumen gefunden. Ich bleibe auch heute in der Nähe des Schiffes und verzichte auf einen Stadtrundgang, dafür ergattere ich eine Bank am Pier und genieße den Blick auf die aussteigenden und einsteigenden Gäste, die Ausflugs-teilnehmer, die sich in ihre Overalls für die RIB Tour schmeißen und nicht zuletzt auf unser Schiff. Ich sauge die ganze Szenerie förmlich auf.

Auf dem Vestfjord zaubert der Himmel bereits das berühmte Lofotenlicht. Das Wasser ist spiegelglatt, die Sonne setzt sich langsam gegen die Wolken durch und verbindet sich mit ihnen zu einer Art Nebel. Magisch. Während wir noch verzückt auf das Wasser blicken taucht eine lange, schmale Finne aus dem Wasser auf. Und noch eine. Und noch eine. Orcas. Es ist erst das zweite Mal, dass ich sie sehe, seit ich auf den Schiffen arbeite. Es scheint, als würden sie das Wasser durchschneiden mit ihren Finnen, den Rückenflossen. Mucksmäuschenstill ist es auf dem Schiff, wir alle blicken fasziniert auf diese wundervollen Tiere. Nach wenigen Minuten entscheiden sie sich abzutauchen und wer weiß wo wieder nach Luft zu schnappen. Die Vorstellung war kurz, aber atemberaubend.

Immer mehr setzt die Sonne sich durch und in Stamsund haben die Wolken sich bereits merklich reduziert. Niemand ahnt zu diesem Zeitpunkt, was für ein Naturschauspiel uns heute noch im Raftsund erwarten wird. Allerdings kündigt es sich in Svolvær bereits an als ich mit meinen Gästen einen kleinen Rundgang mache. Die Mitternachtssonne ist hier bereits vorbei, aber unser Stern geht immer noch so spät unter und so früh wieder auf, dass die Abenddämmerung in die Morgen-dämmerung übergeht. Richtig dunkel wird es also noch nicht. Schon jetzt strahlt die Sonne die Wolken gelb an und sie leuchten wie pures Gold. Faszinierend. Jeder Fotograf wähnt sich im Paradies angesichts dieses Anblicks. Jeder Maler sowieso. Sonnenuntergang 23:30 Uhr heute. Sollten wir das Glück haben, dass die Wolken sich noch von gelb nach rot färben, und wir so etwas wie einen flammenden Himmel bekommen? Als wir in den Raftsund fahren, sind Landschaft und Wolken immer noch in gelbes Licht getaucht. Wir schweben förmlich auf dem spiegelglatten Wasser dahin. Alles still, alles friedlich. Kurz vor dem Trollfjord steht die Sonne so tief, dass die Wolken über ihm sich rot färben und das Wasser in ihm gleich mit. Was für ein Anblick. Als würde der Trollfjord brennen. Wir alle haben Tränen in den Augen, so schön ist diese Natur und so grandios ist dieses Licht. Selbst die Crew gesellt sich an Deck und schaut gebannt auf das Schauspiel. Auch ich habe den Trollfjord noch nie in diesem Licht gesehen, fast ist es, als belohne der Himmel uns für die lange Zeit des Wartens und die Gäste dafür, dass sie trotz der widrigen Umstände die Reise angetreten haben. Die Fotoapparate klicken unaufhörlich, doch wir alle halten immer wieder inne und saugen mit unseren Augen dieses faszinierende Licht auf. Langsam dreht sich unser Schiff um seine eigene Achse, die Gipfel, die den Trollfjord umgeben, leuchten noch einmal in feurigem rot auf. Dann verschwindet die Sonne und das Licht wechselt zu Magenta- und Lilatönen.

Als wir aus dem Trollfjord hinaus fahren ist es kurz nach Mitternacht. Ins Bett gehen? Nein, wir sind geschwängert mit Adrenalin. Leise unterhalten wir uns an Deck, schicken Bilder an die Lieben zu Hause, wir wollen alle teilhaben lassen. Um 00.20 Uhr wird es deutlich heller, die Sonne ist aufgegangen. Bis Stokmarknes bleiben wir draußen. Zum ersten mal sehe ich diesen Hafen morgens um 1 Uhr nordgehend. Und das Licht ist immer noch so faszinierend, dass man die Nacht durchmachen könnte. Wir entscheiden uns jetzt aber für das Bett und ein wenig Schlaf, aber es dauert noch bis nach drei Uhr bis ich endlich schlummere.

MS Richard With, 26. Juli

Der Schlafmangel ist an uns allen nicht spurlos vorüber gegangen. Alle haben heute Morgen ein wenig mit ihren Augenringen zu kämpfen. Manche der Passagiere haben es sich in den Liegestühlen auf Deck sieben bequem gemacht und dösen vor sich hin. Manche sitzen mittags auf ihren gepackten Koffern, denn in Tromsø werden uns heute viele Gäste dauerhaft verlassen. Im Schiff klappt das mit dem Abstand nach wie vor problemlos, aber wie wird es heute beim Aussteigen sein, denn zum ersten Mal sind das ganz schön viele Personen, die das Schiff verlassen. Um das Schiff in einem Hafen zu verlassen gibt es jetzt eine neue Praxis. Erst steigen die Ausflugteilnehmer aus, dann die, die das Schiff endgültig verlassen, dann alle anderen. Heute müssen viele einen Flieger erreichen, also ist der Geduldsfaden kurz. Und beim Aussteigen sieht man dann auch förmlich, wie der ein oder andere mit den Hufen scharrt, aber es hilft nichts. Unser Gesundheitsminister übernimmt die Koordination. Diese Position ist neu auf dem Schiff und nur dafür geschaffen auf die Einhaltung der Corona-Regeln zu achten. Das macht Sinn, denn der Mensch neigt doch immer wieder dazu, da die Regeln zu vergessen, wo es um augenscheinlich Unaufschiebbares geht, einen Flug zu erreichen zum Beispiel. Alles läuft einigermaßen geordnet ab, aber in Geduld üben hat noch Luft nach oben.

Angesichts des Sommerwetters beschließe ich, den Aufenthalt in Tromsø chillig zu gestalten, zumal Sonntag ist und der Betrieb in der Stadt damit überschaubar. Und obwohl es hier an Sonntagen immer schon ruhig zuging, sind die fehlenden Touristen spürbar. Vor Corona hatten immerhin die Souvenirshops geöffnet wenn alles andere zu war, aber selbst die sind jetzt geschlossen. Nun ja, die Norweger werden sich wohl kaum mit allerhand Souvenirkitsch eindecken, der dort verkauft wird, obwohl ich selbst gelegentlich gerne mal durch das Angebot stöbere. Von den wenigen Kunden, die jetzt potentiell in Frage kommen, wird aber wohl kein Shopbesitzer existieren können. Also bleiben viele Läden erstmal weiterhin geschlossen.

Ich mache es mir am Hafen gemütlich, genieße den Blick auf die Eismeerkathedrale und die Schiffchen, die ein- und ausfahren.

MS Richard With, 27. Juli

Nordkapp-Tag. Zum ersten mal nach dem Lockdown, findet der Ausflug wieder statt. Die Norweger üben sich weiterhin in vornehmer Zurückhaltung, wenn es um das Buchen von Ausflügen geht. Mit den Touristen an Bord sind aber doch noch zwanzig Teilnehmer zusammen gekommen. Mehr als 22 dürfen in diesen Zeiten nicht in einen Bus, auch hier muss ja Abstand gehalten werden. Vorne ist abgesperrt, hinten wird eingestiegen.

Das ist ja nicht so schwer. Eigentlich. Es zeigt sich aber doch immer wieder, dass man es nochmal und nochmal erklären muss. Der Bus macht sich auf zum Nordkapp und ich spaziere heute durch Honningsvåg. Herrlich. Gleichzeitig schaue ich bei einer Freundin vorbei, die einen kleinen Souvenirladen führt, seit ein paar Wochen ist wieder geöffnet. Endlich sehen wir uns nach langen fünf Monaten wieder und quatschen über dies und das und natürlich über das allgegenwärtige Thema Corona. Nirgends hat man Ruhe vor dem Virus. Wie auch, wenn die Bedrohung der Existenz dauerhaft wie ein Damoklesschwert über uns hängt. Uns alle im Tourismus treibt das Thema um. Die Angst vor einer erneuten Grenzschließung, die Machtlosigkeit, das Verhalten aller positiv zu beeinflussen, die Ungewissheit, die Planungsunsicherheit. Nur nicht unterkriegen lassen. Aber mitunter fällt das wirklich schwer. Manchmal muss man sich zwingen, einfach mal den Kaffee in der Hand zu genießen und die Sorgen aus dem Kopf zu verbannen.

Ich drehe noch eine Runde durch Honningsvåg. Wie friedlich ist es doch hier. Die Norweger sind immer noch in den Sommerferien, deshalb ist das Städtchen wie ausgestorben. Und natürlich ist auch kein Kreuzfahrtschiff in der Bucht, der im Sommer sonst übliche Anblick einer touristischen Über-schwemmung fehlt dieses Jahr. Dass man an diese Umstände vollkommen gewöhnt ist, hat sich mir schon vor ein paar Tagen bei der Ausflugsberatung gezeigt. Die Gäste fragen ja beim

Nordkappausflug immer wieder gerne, welchen sie denn buchen sollen. Den an Tag sechs oder an Tag acht. Für gewöhnlich erläutere ich immer den Vorzug des Nordkappfrühstücks an Tag acht, wenn man nahezu allein am Globus ist und das Plateau nicht von Kreuzfahrttouristen überrannt wird. Während ich meinen Gästen das erzähle, muss ich diesmal innehalten. Welche Kreuzfahrtschiffe? Manche Argumentation ist dieses Jahr nicht mehr existent.

Am Hafen lässt es sich prima auf einer Bank sitzen. Es ist herrlich ruhig hier. Ungewöhnlich warm ist es heute außerdem, mehr als zwanzig Grad, und meinen Schal könnte ich gerade ins Nirwana befördern. Aber es weht ein kräftiger Wind. Das ist auch so eine Nebenwirkung des Virus. Also nicht der Wind, sondern die ständige Angst, sich bloß nicht zu erkälten. Blöderweise fängt das Ganze genauso an wie Covid und auf vorläufige Isolation mit Abstrichtest bin ich nicht besonders scharf. Also bleibt der Schal dran, denn seit ich meinen Hals auf den Touren mit einem Stück Stoff umwickele, habe ich tatsächlich keine Erkältung mehr eingefangen. Ein Gast hat mir den Tipp vor ein paar Jahren gegeben, ich hätte nicht gedacht, dass das einmal zu einer Art Symptomverhinderungsmaß-nahme geraten würde.

Nachdem wir in Honningsvåg abgelegt haben, gleiten wir über die Barentssee. Kaum zu glauben welcher Kontrast das ist zu den

Sturmfahrten des letzten Winters. Wir passieren die Finnkirka, lassen in Kjøllefjord wieder ein paar Passagiere aussteigen und erreichen schließlich Mehamn. Hier habe ich auch lange nicht der Einfahrt in den Hafen zugeschaut, aber jetzt ist es ja quasi wie die erste Tour nach dem Dornröschenschlaf. Es ist zauberhaft das alles wiederzusehen.

MS Richard With, 28. Juli

Kirkenes. Wendepunkt. Eigentlich wollte ich auch hier heute eine ruhige Kugel schieben. Nicht, weil ich keine Lust auf einen Ausflug hätte, sondern mehr, weil meine beiden Gäste an keinem Ausflug teilnehmen und es in Anbetracht der Lage im Moment auch keine neuen Ausflüge gibt, die man als Reiseleiterin kennen lernen muss. Aber bekanntlich kommt es ja immer anders, als man denkt. Wenn man sich lange kennt, bekommt man durchaus ab und zu einen Anruf, ob man nicht mit zum Ausflug möchte, direkt vom Veranstalter. So auch heute. Dem Ruf von Hans und Nicole, die den Ausflugsveranstalter Barentssafari unterhalten, folge ich jederzeit gerne. Die beiden sind so herzerfrischend und haben außerdem großartige Ausflüge im Programm, so dass man nicht widerstehen kann. Ich fahre also mit dem Flussboot zur russischen Grenze. Klar, dass ich mir meine Kamera schnappe um über den Ausflug einen kleinen Film zu drehen. Im Boot sind wir als Touristen heute in der Minderheit.

Erstmal schmeißen wir uns in die hübschen schlank machenden Rettungswesten, aber wer wird denn heute schon auf vorteilhafte Klamotten wert legen. Das Einsteigen ist immer eine schaukelige Angelegenheit, immer schön auf die Gewichtsverteilung achten. Die Stimmung ist jedenfalls ausgelassen. Wir sausen auf dem Grenzfluss Richtung russisches Territorium. Am Sommerlager steigen wir aus und erfahren allerhand darüber, warum die Grenze so verläuft, wie sie verläuft und wie das Verhältnis von Norwegern und Russen hier oben ist - freundschaftlich. Zur Stärkung gibt es Kekse und Kaffee. Ein Schild weist uns darauf hin, dass hier der Schengenraum endet und selbst die Hand sollte man nicht über die Grenze halten, was hier problemlos möglich wäre. Wer nicht auf Bußgelder und Handschellen steht, sollte es lassen. Freundlich winken ist natürlich erlaubt. Wem wir denn da zuwinken sehen wir zwar nicht, aber die Grenzposten haben geeignetes Gerät, um jedes noch so kleine Detail an uns in Augenschein zu nehmen.

Nach einer ausgiebigen Rast streifen wir die Rettungswesten wieder über, die wir zuvor wegen des warmen Sommerwetters von uns geworfen haben, und sausen zurück über den Grenzfluss. Schön war's.

Auch am Abend genießen wir das arktische Sommerwetter und schauen beim An- und Ablegen in Båtsfjord zu. Sobald die Sonne jedoch einen gewissen Tiefstand erreicht hat, wird es arktisch frisch. Es dauert nicht lange und alle Liegestühle auf Deck sieben sind frei. Und auch meine liebste Schiffsbegegnung, die in Berlevåg, fällt heute Abend flach. Kein Schiff vor uns, kein Schiff hinter uns. Folglich wie schon gestern kein Treffen. Anders ist das neue Normal.

MS Richard With, 29. Juli

Wie doch nach ein paar Tagen das Fieber messen beim Betreten des Restaurants Routine geworden ist. Köpfchen davor halten, auf die gute Nachricht warten, eintreten. Ja, und heute frühstücke ich. Zum ersten mal auf dieser Tour. Sieben Uhr ist ja mal so gar nicht meine Zeit. Aber Hunger hab ich. Auf jedem Tisch findet sich ein Brotkorb mit verschiedenen Brotsorten und eine Kanne mit Kaffee, den brauche ich auch jetzt. Dazu gibt es eine Auswahl des sonst üblichen Frühstücksbuffets, festgehalten auf einer Art Speisekarte, auf der man per Kreuzchen kund tut, was man denn haben möchte. Ich kreuze alles an, ich hab ja einige Frühstücke nachzuholen. „Alles?" fragt mich der Service, „Ja, alles" entgegne ich. Die Teller finden kaum auf dem Tisch Platz, da alles stilvoll angerichtet wird. Welch wunderbare Völlerei. Das Mittagessen kann ich wohl ausfallen lassen.

Hinter Havøysund gibt es endlich mal eine Schiffsbegegnung. Die Trollfjord kommt uns entgegen. Gehornt wird, was das Zeug hält. Viele Gäste sind draußen um dem Gegenschiff zuzuwinken. Auf einmal sind diese Begegnungen zu etwas Besonderem geworden. Vor Hammerfest passieren wir Melkøya. Auf der kleinen Insel steht eine gewaltige Flüssiggasanlage und ich geselle mich zum „Point of Interest" des Expeditionsteams. Diese kleinen Zusammenkünfte auf Deck sieben finden im Moment nur auf norwegisch und englisch statt, da so wenig Touristen an Bord sind, also übersetze ich für meine Gäste. Dazu gibt es einen Energie-Kaffee versetzt mit Gewürzen und Chilli, der macht wach für den Tag und ist obendrein noch köstlich.

Die Gasanlage ist einer der größten Arbeitgeber hier in Hammerfest und die Mitarbeiter fahren durch einen eigens dafür gebauten Tunnel auf das Eiland. Das Gas wird aus der Barentssee hierher gepumpt und dann verflüssigt, weil es so gefahrloser transportiert werden kann, denn in flüssigem Zustand entzündet es sich nicht so schnell. Darüber hinaus nimmt es in flüssigem Zustand nur ein Sechshundertstel des Volumens ein, das die gleiche Menge in gasförmigen Zustand für sich beansprucht. Das abgesaugte CO_2 wird zurück ins Gasfeld gepumpt, damit es nicht der Umwelt zugemutet wird. Wird der Druck in der Anlage zu stark, wird abgefackelt. Wer also eine Stichflamme sieht, wenn er vorbei fährt, weiß, was los ist. Da die Flamme hundert Meter hoch reichen kann, versteht sich das absolute Flugverbot über Melkøya von selbst. Lange habe ich mir die Anlage nicht mehr so intensiv angeschaut. Mit dem Druck scheint heute alles in Ordnung zu sein, es ist keine Flamme zu sehen.

In Hammerfest ist Hurtigrutenschiffsfestival, aber unfreiwillig. Die Nordnorge und die Lofoten sind hier geparkt, bis alle Schiffe wieder planmäßig verkehren. Beide kuscheln sich auf der anderen Seite der Bucht aneinander, zu weit weg, um dort vorbei zu schauen. Ich drehe meine übliche Runde. Kirche, Mole, Rathaus. Der Elan, nach langer Zeit wieder mal auf den Aussichtspunkt rauf zu gehen, packt mich heute nicht.

Auch das Mitternachtskonzert in Tromsø fällt heute dem Virus zum Opfer, nicht genug Anmeldungen. Dass ich das bei einem stets so gut gebuchten Ausflug mal erlebe. Der Himmel hat sich eine passende Entschädigung für uns ausgedacht. Ähnlich wie an Tag vier gibt die Sonne eine Vorstellung in Wolken anstrahlen. Ganz Tromsø leuchtet in Lila- und Magentatönen. Eigentlich hatte ich schon mein Haupt auf das Kabinenkissen gebettet, aber bei der Lichtstimmung schmeiße auch ich mir nochmal schnell die Klamotten über. Eine Runde um Deck fünf. Scheinbar haben es mir viele gleich getan. Fasziniert schauen wir auf den flammenden Wolkenhimmel. Und gleichzeitig wird uns einmal mehr bewusst, dass es mit der Mitternachtssonne vorbei ist. Der Sommer ist an mir vorüber gegangen. Im Grunde sind wir ja noch mittendrin, aber dieser Wandel vom Frühjahr auf den Sommer und der Höhepunkt der Mitternachtssonne im Juni, all das hat in meinem Reiseleiteralltag dieses Jahr nicht stattgefunden. Es ist so, als hätte man mich vom tiefsten Winter an das Ende des Sommers katapultiert. Gleichzeitig empfinde ich aber tiefe Dankbarkeit jetzt hier auf dem Schiff zu sein.

MS Richard With, 30. Juli

Juhu. Die Sonne scheint. Tag neun und mein Schlechtwetterabo scheint vorerst nicht zurück zu kehren. Auf den Raftsund freue ich mich heute ganz besonders, denn wir werden die MS Fridtjof Nansen treffen. Danke, dass der Rutenplangott dieses Jahr mit mir in punkto Schiffsbegegnungen ein Einsehen hat, im Gegensatz zum letzten Jahr, wo mich die MS Roland Amundsen mitten in der Nacht mit ihrer entzückenden Gestalt beglückte. Die Nansen treffen wir also irgendwo im Raftsund. Die letzten Tage haben wir sie schon über Marine Traffic verfolgt, zwar wohlwissend, welche Route sie fährt, aber bei Sondertouren kann man nie so richtig abschätzen, wo man sich begegnet. Eigentlich sollte sie ja zu dieser Zeit bereits im Expedition-programm fahren, aber auch hier hat das Virus einen Strich durch die Rechnung gemacht. Hurtigruten hat daher kurzerhand einen Sonderfahrplan entlang der norwegischen Küste aufgelegt, mit Fjordaufenthalten abseits der klassischen Postschiffroute.

Nach meiner abgesagten Tour mit der Nansen im März ist ja auch meine Grönlandtour ins Virusnirwana verschwunden, aber wenigstens sehen will ich das Schiff.

Hinter Stokmarknes haben es sich viele Gäste im Liegestuhl bequem gemacht und lassen sich den erfrischenden, norwegischen Sommerwind um die Nase wehen. Andere stehen an der Reling und bewundern die Natur. Ja, auch die Norweger sind durchaus fasziniert von ihrem eigenen Land und als wir in den Raftsund fahren, freuen sie sich typisch norwegisch. Still, starr und leise. Ich entere das Crewdeck direkt am Schornstein, wo sich ebenfalls der ein oder andere der Mannschaft eingefunden hat. Auch von der Crew wollen sich viele den Blick auf die Fridtjof Nansen nicht entgehen lassen. Marine Traffic zeigt uns an, dass sie vor dem Trollfjord liegt, die Passagiere sind dort per Zodiak unterwegs. Das muss ein spektakuläres Erlebnis sein.

Wir booten zunächst die Teilnehmer der Seeadlersafari aus und fahren weiter, um die kleinen Inseln herum, die im Raftsund liegen und auf denen Ferienhäuser stehen, die sich nicht entzückender in die Landschaft schmiegen könnten. Durch die schmalere Zufahrt zum Trollfjord passt unser Schiff nicht durch, daher müssen wir etwas länger auf die Begegnung mit der Nansen warten als die Ausflugteilnehmer der Seeadlersafari. Und dann sehen wir sie vor dem Trollfjord liegen. Schnittig und majestätisch. Ich gebe ja zu, dass mir die Optik der neuen Hybridschiffe extrem gut gefällt, aber das ist natürlich Geschmacksache. Vom Crewdeck haben wir eine herrliche Sicht auf das ganze Szenario. Bevor wir aber so ganz nah heran kommen, biegen wir in den Trollfjord ein. Der will ja schließlich auch Aufmerksamkeit. Ich schaue fasziniert Richtung Heck auf die Steilwände, die die Nansen regelrecht einrahmen. Ein wunderschöner Anblick. Am Ende des Fjords drehen wir wie schon nordgehend auf der Stelle und als unser Schiff wieder mit dem Bug in Richtung Trollfjordmündung zeigt, ist die Nansen verschwunden. Klammheimlich hat sie sich davon gestohlen. Zurück im Raftsund sehen wir sie noch eine Weile vor uns her fahren, bis sie gen Norden abbiegt.

Wir fahren weiter nach Svolvær und ich mache flugs einen Besuch im Restaurant, denn ich begleite meine Gäste zum Lofotenausflug. Mein erster Ausflug nach dem Lockdown. Wir sind immerhin achtzehn Teilnehmer. Das unbeschwerte „in den Bus steigen" entfällt in der neuen Normalität. Der vordere Teil des Busses ist mit rot-weißem Band abgesperrt, so dass Busfahrer und Guide von den Gästen getrennt sind. Eingestiegen wird nur hinten und hübsch der Reihe nach. Heute klappt das vorbildlich. Es geht raus aus Svolvær Richtung Henningsvær, ein Fischerdorf, das ich besonders mag. Wir sind geradezu eine Attraktion hier, die ersten Touristen nach langer Zeit. Henningsvær ist aber keineswegs verwaist. Dieses Jahr haben die Norweger sich urlaubsmäßig hier breit gemacht. Wohnmobil an Wohnmobil reiht sich auf dem Parkplatz aneinander. Die Lofoteninseln üben eben auch auf die eigene Bevölkerung einen nicht unerheblichen Reiz aus. Schon auf der Hinfahrt haben wir an den Buchten überall Zelte gesehen. Norweger, die es sich grillend in dieser wunderschönen Landschaft gutgehen lassen. So idyllisch es aussieht, macht es aber auch eins klar. Die Parole der Regierung, doch dieses Jahr Urlaub im eigenen Land zu machen, ist für die Tourismusbetriebe keine ernsthafte Hilfe.

Der Urlaub der Norweger unterscheidet sich von dem der ausländischen Touristen eklatant. Man schnappt sich sein Wohnmobil oder sein Zelt, zieht hinaus in die Landschaft, angelt, klettert und grillt Mitgebrachtes. Restaurants, Hotels, Ausflugsanbieter und Souvenirshops haben das Nachsehen. Es offenbart sich, wie groß die Abhängigkeit von ausländischen Touristen ist. So groß, dass sie mit Einheimischen kaum aufzufangen ist. Das Geld wird verdient von Mai bis September. Damit kommen die Betriebe über die zurückhaltende Wintersaison. Jetzt im Juli hat der Tourismus bereits fast vier Monate am Nullpunkt verbracht. Wer noch Reserven hatte, hat sie längst verbraucht. Gleichzeitig konnten keine Reserven für die nächste Winterdurststrecke erwirtschaftet werden. Auch die finanziellen staatlichen Unterstützungen sind mittlerweile ausgelaufen, nur die Kurzarbeiterregelung läuft noch, aber auch hier ist ein Ende in Sicht. Es ist bedrückend und überall hier ist das spürbar.

Wir versuchen trotzdem als Touristen hier in Henningsvær so etwas wie Optimismus zu versprühen. Unser Weg führt uns zur Mole, wo man einen herrlichen Blick in den Hafen hat. Die Boote liegen wie eh und je hier, vereinzelt sieht man Bootsbesitzer ihre Prestigestücke putzen. Fast könnte man meinen, alles ist normal. Auf der kleinen Insel, die direkt hinter der Mole liegt, befindet sich einer der wohl außergewöhnlichsten Fußballplätze. Er nimmt die gesamte Insel ein und zu gern würde ich ihm einen Besuch abstatten. Aber die Zeit reicht nicht, dass allgegenwärtige Problem bei den Ausflügen. Aber anders als mit Zeitplan sind ja Ausflüge eben auch nicht durchführbar. Wir machen uns zurück auf den Weg zum Bus und saugen noch einmal alles von der Fischerdorf-Atmosphäre ein, so, als müssten wir es besonders lange in uns bewahren.

Weiter geht es Richtung Stamsund, vorbei an allerschönster Lofotenlandschaft. Die Lupinen blühen jetzt und tauchen ganze Flächen in ein pinkes Leuchten. Den Rest versetzt die tief stehende Sonne in goldenes Licht. Berauschend. Auch als wir Stamsund erreichen, drücken wir uns die Nasen an den Busscheiben platt. Das Hafenbecken ist auf natürliche Weise geformt, kleine Buchten reihen sich dicht an dicht, in denen Fischerboote auf ihre nächste Ausfahrt warten. Dahinter aufragend die schroffe Felslandschaft der Lofoten. Kein Maler könnte das so erfinden. Unser Schiff hat Verspätung, so dass wir es in der Abendsonne in den Hafen einlaufen sehen. Wir alle sind volltrunken von Licht und Landschaft. Ein herrlicher Zustand und für unser aller Seelen dringend nötig.

MS Richard With, 31. Juli

Wir sind zurück am Polarkreis. Wird es heute die allseits beliebte Lebertranzeremonie geben? Wieder ein Ereignis, wo sich zwangsläufig viele an Deck drängeln. Ja, sie findet statt, aber hübsch geordnet in kleinen Gruppen. Gummihandschuhe bei der Crew waren hier auch schon vor Corona das Maß aller Dinge, denn Lebertran pflegt sich gerne unlösbar mit der menschlichen Haut zu verbinden und hält selbst der hartnäckigsten Handwäsche geruchlich stand. Obwohl kurz vor der Zeremonie ausgiebig durchgesagt wird, wie das Ganze von Statten geht, zeigt sich, dass die Menge der Lebertranwilligen eher überschaubar ist. Der Norweger an sich hat ja sowieso seine persönliche Flasche Møllers Tran allzeit bereit im Kühlschrank positioniert, so dass seine Begeisterung für die nahrhafte goldene Flüssigkeit im Rahmen einer Schiffsreise eher mäßig ausfällt. Mit gut zwanzig Personen kosten wir also das wohlschmeckende Dorschleberöl und holen uns den hübschen Hurtigrutenlöffel als Belohnung ab. Fast Normalzustand.

Am Mittag erreicht uns eine Hiobsbotschaft. Vier Crewmitglieder der MS Roland Amundsen sind coronainfiziert und wurden ins Krankenhaus gebracht. Die Angst vor einer solchen Nachricht fährt ununterbrochen mit uns mit. Die restliche Crew wird bereits getestet. Das Schiff bleibt in Tromsø und tritt nicht wie geplant eine neue Reise nach Spitsbergen an. Wo es doch gerade wieder so etwas wie einen neuen Normalzustand gab, so etwas wie Aufbruchstimmung bei uns herrschte. Nicht nervös werden. Nicht leicht in dieser Situation. Auch bei den Gästen spricht sich die Nachricht natürlich wie ein Lauffeuer herum. Im Zeitalter von Smartphones ist die schnelle Verbreitung von Nachrichten ja auch nicht verwunderlich. Meine Gäste haben von Verwandten aus Deutschland von der Misere erfahren, nehmen die Nachricht aber erstaunlich gelassen. In der Tat ist es zumindest bei uns auf dem Schiff einigermaßen schwer sich anzustecken, aber ausschließen kann man es nicht. Genauso wenig, wie man es zu Hause ausschließen kann, es sei denn, man spinnt sich für die nächsten Jahre in einen Kokon ein. Aber gerade die gebeutelte Schifffahrtsbranche kann solche Meldungen jetzt nicht gebrauchen, zumal bei Schiffsreisen immer schon gerne mit überkritischem Auge auf die Verbreitung von Keimen und Viren geschaut wurde und manch einer geradezu darauf wartet, sich darin bestätigt zu sehen, dass in Zeiten von Corona Schiffsreisen gänzlich zu unterbinden sind. Der Fall Roald Amundsen wird noch etliche Tage die Medien beschäftigen.

Alle versuchen, sich nicht von den wenig erbaulichen Ereignissen emotional gen Boden reißen zu lassen und bis zum Nachmittag genießen alle das sommerliche Wetter und dösen im Liegestuhl vor sich hin. In Brønnøysund kann ich meine Gäste zu einem gemeinsamen Spaziergang motivieren. Wir wollen eine kleine Runde um den See drehen, der sich in unmittelbarer Nähe der Promenade befindet. Kaum Boote sind heute hier im Hafen, ein ungewohnter Anblick, wenn ich das mit den letzten Jahren vergleiche. Bei schönem Wetter drängte sich da alles an den Liegeplätzen, man wienerte, was das Zeug hielt, mit alkoholischen Unterbrechungen und Musik aus dem Radio. Dazwischen der ein oder andere Plausch von Boot zu Boot. Dieses Jahr ist es hier wie ausgestorben. Erschreckend.

An der Kirche machen wir einen kleinen Schlenker Richtung Friedhof. Es ist der beste Weg um den Rundgang am See zu erreichen. Die hinter dem Friedhof liegenden Häuserzeilen wirken ebenfalls wie verlassen. Die Sommerferien in Norwegen gehen zu Ende und so langsam kehren die norwegischen Urlauber nach Hause zurück oder zumindest sollte man das meinen. Es ist wie wandern durch die Einsamkeit. Lediglich die Möwen scheinen ihren Urlaub bereits beendet zu haben und halten Konferenz am Seeufer. Natürlich lautstark. Die Wanderung um den See kann man nicht als solche bezeichnen, es ist eher ein Spaziergang entlang norwegischer Flachwasseridylle. Der Seele tut es trotzdem gut.

Zurück auf dem Schiff bin ich gespannt, ob es heute Abend sowas wie ein Farewell Dinner gibt. Im Moment gibt es keine ausgedruckten Tagespläne an Bord um zu vermeiden, dass viele Hände an denselben Stapel Papier langen. Nur auf den Monitoren wird der Tagesplan angezeigt und ich gebe zu, dass ich da meist versäume drauf zu schauen. Aber es ist wie ich es bereits coronabedingt befürchtet habe. Keine Offiziere im Restaurant heute. Brücke und Gäste sollen möglichst nicht zusammentreffen um Ansteckung zu vermeiden. Der Sinn dahinter ist nicht von der Hand zu weisen und in solchen Zeiten gilt es, so etwas zu akzeptieren. Ein Glas Sekt gibt es allerdings, bereits auf den Tischen positioniert, um auch hier möglichst unnötigen Grapschkontakt zu vermeiden. Natürlich stoße ich mit meinen Gästen an und wir sind uns einig, dass die Reise trotz der umfangreichen Corona-Maßnahmen ein voller Erfolg war. Zumindest in Bezug auf die Schönheit der Landschaft, das Schiff an sich und die Art mit Hurtigruten zu reisen.

MS Richard With, 01. August

Ich kann kaum glauben, dass wir bereits August haben. Wo ist das Jahr nur geblieben. Nicht mehr lange und der Sommer neigt sich dem Ende zu, obwohl ich das Gefühl habe, dass doch gerade noch Winter war. Und das war es ja auch. Jedenfalls wenn ich meine persönliche Reisechronik 2020 anschaue.

Im Gegensatz zum Regenwetter an Tag drei wartet Trondheim heute mit Sonnenschein auf. Meine Gäste haben sich daher früh aus den Federn geschwungen und sind um sieben Uhr bereits unterwegs in die Stadt. Das Frühstück vertagen sie heute auf das Mittagessen. Ich mache lediglich einen Spaziergang zu Leif Eriksen, dem Entdecker Amerikas, der so wohlwollend gen Munkholmen blickt. Ein bisschen am Hafen sitzen, ein bisschen Nachdenken über die erste Tour nach dem Lockdown, die ihrem Ende entgegen geht. Nachdenken darüber, was die Zukunft bringen wird. Die Unterlagen für die nächste Tour habe ich bereits bekommen, aber es bleibt die Sorge, ob die Ansteckungszahlen auf dem Niveau von jetzt bleiben oder ob sie wieder sprunghaft ansteigen. Bloß nicht zu viel nachdenken.

Am Nachmittag in Kristiansund ist ordentlich Betrieb auf dem Wasser. Es ist Samstag und die Norweger frönen ihrer exorbitanten Leidenschaft, sich mit ihren Booten im Hafen zu vergnügen. Viele winken uns zu, auch für sie ist es ein schöner Anblick, wieder die Schiffe der Hurtigruten in den Hafen fahren zu sehen. Auch wenn es noch nicht jeden Tag der Fall ist. Als wir das Kreuzfahrtterminal passieren, sehen wir die „Christian Radich" am Kai liegen. Das Segelschiff ist in Oslo beheimatet und wurde nach dem gleichnamigen norwegischen Reeder benannt, der 1889 nicht weniger als neunzigtausend Kronen für den Bau des Schiffes springen ließ. Dass der Segler nach ihm benannt wurde, machte Christian Radich zur Bedingung für den

Geldsegen. Allerdings konnte der Reeder sich nicht mehr daran erfreuen, erst vierzig Jahre nach seinem Tod lief das Schiff nach etlichen Hürden vom Stapel. Immerhin die Nachwelt darf sich nun an dem stolzen und schönen Segler erfreuen, der seit 1999 nicht mehr als Segelschulschiff, sondern in der Charterfahrt unterwegs ist.

Natürlich liegt meine Kamera auf der Kabine. Wer rechnet aber auch damit, dass bei der Einfahrt nach Kristiansund heute mehr als die üblichen Fotomotive winken. Aber wir kommen ja später nochmal hier vorbei, wenn wir weiter Richtung Molde fahren. Zunächst laufe ich mit meinen Gästen jedoch zur Klipfischfrau, wo wir heute besonders viel Zeit haben, denn wir sind fünfzehn Minuten früher in Kristiansund als üblich. Bei der Ausfahrt haben wir alle unsere Fotoapparate gezückt, denn wir wollen ja die Christian Radich fotografieren. Denkste. Zwar liegt sie immer noch brav am Kai, aber wir nehmen heute den Weg vorbei an der Nordlandkirche. Warum nur muss diese Stadt auf drei Inseln verteilt liegen, so dass man mehrere Möglichkeiten hat, den Hafen zu verlassen. Und warum muss es ausgerechnet heute sein, dass wir diese Ausfahrt nehmen, wo wir das nur einmal im Jahr tun und immer dann nicht, wenn man darauf baut. Zum heulen. Es hilft nichts, von unserem Fotomotiv müssen wir uns unverrichteter Weise verabschieden.

Am Abend in Molde werden wir dafür mit zauberhaftem Licht entschädigt. Die Sonne steht bereits tief und die Gipfel der Romsdalsalpen strahlen in gelb und rot. Zeit für einen Spaziergang zum Rosenmädchen und zur Hafenpromenade. Hier hat sich in den Sommermonaten einiges getan. Im März wanderte man noch über Provisorien und Baustellenambiente und jetzt im August findet man sich hier inmitten entzückender Restaurants wieder, mit Norwegern, die angeregt schwatzend die Wochenendstimmung bei einem Glas Wein genießen mit Blick auf die Bergketten. So geht Norwegenglückseligkeit. Großartig, was die Stadt Molde hier aus dem vorher eher unspektakulären Hafen gemacht hat. Jetzt müssen nur noch die Touristen wieder kommen. Hoffentlich bald. Auch ich würde mich hier jetzt am liebsten für die nächsten Stunden niederlassen und einfach die zauberhafte Atmosphäre genießen. Stattdessen gehe ich zurück zum Schiff und tue das, was an Tag elf unvermeidbar ist: den Koffer zu packen.

MS Richard With, 02. August

Sonntag. Ausstiegstag. Schon wieder. Das große Warten hat begonnen. Wir haben unsere Kabinen geräumt und die Crew hat jetzt ein extra großes Arbeitspensum. Zusätzlich zur Reinigung muss in diesen Zeiten alles gründlichst desinfiziert werden. Für die Putzsause rückt wie immer auch der Reinigungstrupp in

Bergen an, aber die Crew arbeitet schon mal vor. Vor Corona galt immer das Prinzip, dass man sich am Ausstiegstag möglichst zügig einen Platz sucht, den man dann am besten mit seinem Leben verteidigt. Heute sind wir nur noch gut hundert Passagiere. Das Warten ist somit entspannt und auch der Abstand ist kein Problem. Was aber durchaus ein Problem ist, sind die heutigen Rückflüge, zumindest für die Touristen. Natürlich haben die Airlines längst nicht den gesamten Flugplan reaktiviert und Flüge ins europäische Ausland starten derzeit täglich um 14 Uhr oder früher. Das ist mit unserer Ankunftszeit in Bergen nicht kompatibel und somit bleiben die ausländischen Passagiere eine Extranacht in Bergen. Und auch ich darf mit meinen Gästen den Nachmittag noch in der Stadt verbringen und fliege erst am nächsten Mittag.

Als wir uns Bergen nähern, wechselt das Wetter. Es zieht sich zu. Das ist für Bergen ja nichts Ungewöhnliches und angesichts unseres Schönwetterdauerglücks während der gesamten Tour wäre wohl ein Regennachmittag verkraftbar. Aber erstmal regnet es nicht, was in Bergen ja soviel wie „schönes Wetter" bedeutet. Auch heute haben wir einen großen Reisebus für unsere Minigruppe, nur Stretchlimo fahren ist schöner. Wir breiten uns also zu dritt über fünfzig Sitze aus, wobei sich das Einsteigen für die kurze Strecke kaum lohnt. Wir sind im Admiralhotel untergebracht mit Blick auf das Hanseviertel. Auch hier hat sich in der Lobby etwas verändert. Die Rezeptionstheke hat sich deutlich vergrößert, so dass man gar keine andere Wahl hat als bei der Schlüsselübergabe Abstand zu halten. An den Aufzügen hängen entsprechende Schilder, dass man höchstens zu zweit in eines der oberen Stockwerke schweben darf. Bei größeren Gruppen hat man in Zukunft Zeit für einen ausgiebigen Plausch bis der Aufzug den Andrang bewältigt hat.

Noch immer halten sich die Wolken mit regnen zurück, also schlendere ich gleich rüber ins Hanseviertel. Auf dem Weg dorthin liegen Fischmarkthalle und Fischmarkt, wenig los hier. Im Hanseviertel sieht es ähnlich aus. Ich bin tatsächlich eine gute halbe Stunde vollkommen alleine im UNESCO-Weltkulturerbe. Keine Touristenüberschwemmung wie in den letzten Jahren mit Kreuzfahrtanläufen in Rekordhöhe. Das haben wir ja vor knapp zwei Wochen schon festgestellt. Heute ist es ebenfalls wie ausgestorben. Ein Albtraum für alle Tourismusbetriebe hier. Ich versuche trotzdem so etwas wie Genuss zu empfinden, nicht weil es mir egal ist, was aus den Tourismusbetrieben wird, sondern um dieses Bild in mir zu bewahren, die Ausstrahlung der Gebäude lange vor dem Massentourismus nachzuempfinden.

In der Fußgängerzone herrscht Kontrastprogramm. Volle Läden, wenig Abstand. Mensch Leute. Könnt Ihr Euch nicht ein bisschen zusammen reißen? Oder wollen wir in den nächsten Jahren in der Wirtschaft On-Off-Modus spielen? Ich bin nun wahrlich nicht diejenige, die mit dem erhobenen Finger andere maßregelt, ihr Leben dem Virus zu unterwerfen, aber verdammt noch mal: ist es denn so schwer unsere Gesellschaft mal als Ganzes zu verstehen, in der der eine auf den anderen Rücksicht nimmt oder sind wir tatsächlich zum egoistischen Einzelkämpfer verkommen, der sich für nichts interessiert als für die eigene Vergnügungssucht? Nach uns die Sintflut? Es gibt ja auch noch den berühmten Mittelweg. Meine Jagd nach Essbaren wird im Supermarkt zum Spießrutenlauf. Am besten nicht atmen, so nah muss man sich an den Einkaufenden vorbei zwängen. Ich schnappe mir so schnell es geht Verpacktes. Für heute betrete ich kein Geschäft mehr.

Bergen, 03. August

Flugtag. Was vor Corona für mich so selbstverständlich war wie Busfahren, ist jetzt auf einmal Reisen unter erschwerten Bedingungen. Und damit meine ich nicht nur das schnöde von A nach B kommen mit einem fliegenden Verkehrsmittel, sondern auch das Drumherum am Flughafen. Um 11:30 Uhr fahren wir mit unserem Bus am Abflugterminal vor. Rückblende: letztes Jahr im August. Die Busse stapeln sich nahezu in den Parkbuchten um die flugwilligen Passagiere abzuladen. Ein Koffer nach dem anderen kommt aus den Ladeluken zum Vorschein und wird von hastigen Fluggästen eilig in die Halle gerollt. Die Schlange vor dem KLM Schalter hat sich bereits zu einem unbändigen Ungeduldsherd aufgebaut. 2020: wir sind die einzigen Gäste. Am gesamten Flughafen überhaupt. Ungläubig stehen wir in der Abflughalle, zücken unsere Handys um die bedrückende Leere zu fotografieren. Kein Schalter ist besetzt. Bordkarte und Kofferbanderole sind ausschließlich an den Automaten zu bekommen. Gespenstisch. Entgegen unserer sonstigen kleinen Kämpfe mit den Automaten, bekommen wir heute reibungslos alles Nötige, um unsere Koffer und uns selbst für den Einstieg ins Flugzeug zu legitimieren. Maskenpflicht besteht auch hier am Flughafen nicht, entspannend. Nur eine Station hat in der Sicherheitskontrolle geöffnet. Die ist mit so wenigen Fluggästen aber auch nicht gerade überfordert.

Fast alle Geschäfte am Flughafen sind immer noch geschlossen. Welche Kunden sollen auch kaufen, wo nach wie vor der Flugplan des gesamten Tages auf einen Monitor passt. Ich hoffe, dass sich das bald ändert. So kann es jedenfalls nicht weitergehen, wenn man nicht am Ende mit einer Flut von zerstörten Existenzen dastehen will. Lediglich mit Snacks und Getränken kann man sich derzeit vor dem Flug versorgen. Wenigstens das, da ich im vollbesetzten Flieger die Maske eher nicht abnehmen will, um zu essen oder zu trinken. Ich bin kein Panikmensch, aber die räumliche Enge im Flugzeug veranlasst mich noch eine Spur strenger mit den Coronamaßnahmen umzugehen als ich es sonst schon tue. Schon vor Wochen habe ich mir eine FFP2 Maske besorgt, jetzt ist die Zeit sie zum ersten mal auf ihre Praktikabilität zu überprüfen. Als das Boarding beginnt, geht es sehr geordnet zu. Mittlerweile haben sich auch weitere Passagiere eingefunden, nachdem ich bis vor einer halben Stunde dachte, dass ich heute in den Genuss eines Privatfliegers komme. Zumindest, was das Fluggastaufkommen betrifft. Wer hinten sitzt, steigt zuerst ein. Flieger betreten, Sachen verstauen, hinsetzen. So kämpfen wir uns beim Einstieg Reihe für Reihe von hinten nach vorne bis alle hübsch geordnet im Flieger sitzen. Vorbildlich. Das Atmen durch die FFP2 Maske finde ich erstaunlich angenehm, im Gegensatz zu der Gesichtssauna, die bei dieser Maske inbegriffen ist. Was luftdicht abschließt, führt eben zwangsläufig zu überdurchschnittlicher Transpiration im Gesicht, zumindest bei mir. Aber was tut man nicht für den Eigenschutz. Cleared for take-off.

Nur zwei Tage werde ich frei haben, bis die nächste Gruppe nach Oslo anreist. Ich freue mich auf die kommende Tour, denn es wird eine besondere sein, mit einem Vorprogramm, das es ab dem nächsten Jahr nicht mehr geben wird. Es wird sich mehr normal anfühlen - hoffe ich. Es wird alles wieder dauerhaft in den Lauf kommen - hoffe ich. Und die Reisegruppe wird grösser sein - hoffe ich. Nicht den Optimismus verlieren.

Die August-Tour - am Ende einer kurzen Episode

Oslo, 06. August

Die neuen Gäste kommen. Diesmal wieder gewohnt früh. Auch bei dieser Gruppe hat sich die Gästeanzahl seit den Ereignissen auf der Roald Amundsen reduziert, von vierzehn sind noch acht geblieben. Wahrscheinlich haben einige doch im letzten Moment den Mut verloren, die Reise anzutreten. Ich hoffe, dass die acht verbliebenen Gäste nun auch im Flieger sind und nicht wie bei der letzten Tour durchs System geflutscht sind, eben noch auf „aktive Buchung" stehen, aber in Wirklichkeit am heimischen Frühstückstisch sitzen. Die acht kommen tatsächlich. Mit allen Koffern. Auch ich habe heute mein Gepäck für die Reise dabei, denn wir übernachten nicht in Oslo wie bei den meisten Touren. Nein, diesmal haben wir ein umfangreiches Programm vor uns und werden uns Bergen per Bus in Etappen nähern. Unsere Busfahrerin Astrid erwartet uns bereits, sie wird uns die gesamten drei Tage im Vorprogramm begleiten.

Meine Gäste sind gut drauf, keine fünf Minuten und schon sind wir so etwas wie eine kleine Familie. Alle sind gespannt auf die nächsten Tage, auch ich. Und ich habe mir vorgenommen, die Fahrt quer durch Norwegen so intensiv zu genießen wie ich kann, denn es wird keine nächste Gelegenheit für diese Tour geben. Der letzte Reisetermin, der mit einem meiner Kollegen eine Woche später angesetzt war, wurde bereits gecancelt, da am Ende nur noch ein Gast übrig blieb. Letzte Chance also. Das ist auch meinen Gästen bewusst und deshalb haben sie die Reise angetreten. Um fast jeden Preis. Auch mit zu erwartenden Corona-Einschränkungen.

Zunächst geht es nach Oslo. Für mich heute ein besonderes Vergnügen, da ich die Stadtrundfahrt selbst guide. Sonst haben wir ja einen externen Guide, aber bei der Gruppenreise „Maritimes Norwegen" haben wir Reiseleiter beim gesamten Vorprogramm das rednerische Heft in der Hand. Herrlich. Die Museumshalbinsel Bygdøy lassen wir heute aus, da wir mit gestrafftem Programm unterwegs sind und am Abend bereits in der Provinz Telemark sein müssen. Aber zur Skisprungschanze am Holmenkollen fahren wir. Dort überrascht uns das Osloer Wetter mit einer Blitzvorstellung in Nebeltechnik. Innerhalb von fünf Minuten kann man von unserem Aussichtspunkt aus weder den Schanzenturm noch den Schanzenlöffel sehen, geschweige denn den Oslofjord. Wir genießen trotzdem. Vierhundert Meter über dem Meer ist das Klima ein anderes als im Stadtkern und nicht selten scheint in Oslo die Sonne, während es hier oben am Holmenkollen regnet, schneit oder eben alles eingenebelt ist. Der Himmel hat mit uns allerdings ein Einsehen und nach zwanzig Minuten verflüchtigt sich die Waschküchenatmosphäre. Es reicht immerhin noch für ein paar Fotoschnellschüsse. Kreuz und quer geht es durch die Stadt zum Vigelandpark. Die Skulpturensammlung von Gustav Vigeland kommt immer wieder gut bei den Gästen an. Auch diesmal sind alle beeindruckt von den Bildhauerqualitäten des Künstlers und ich erzähle meinen Gästen das ein oder andere Wissenswerte zu den Darstellungen.

Mittlerweile ist es bereits nach 14 Uhr und bei den meisten meldet sich der Magen mit der Forderung, ihm Nahrung zuzuführen. Unsere Busfahrerin lässt uns am Hafen aussteigen, der Sommer hat voll aufgedreht und alle wünschen sich eine kleine Relaxpause mit Blick auf die Stadt. In einem der Restaurants im Stadtteil Akerbrygge lassen wir uns nieder. Auch hier ist alles anders geworden seit das Virus um sich greift. Speisekarten gibt es nicht mehr. In den meisten Restaurants werden keine Bestellungen mehr am Tisch aufgenommen, sondern man bestellt per Handy über die restauranteigene App. Dabei sind Touristen offensichtlich noch nicht in jeder Hinsicht eingeplant. Dem Norweger an sich ist es ja völlig fremd, bar zu bezahlen und auch wenn man als Ausländer in Norwegen lebt, vergisst man im Handumdrehen, was Bargeld eigentlich war.

Innerhalb von dreißig Sekunden habe ich meine Bestellung getätigt. Essen auswählen, Tischnummer eingeben, Kreditkarte hinzufügen, fertig. Meine Gäste tippen wie wild in ihren Smartphones rum, für sie ist die elektronische Abwicklung einer Bestellung im Restaurant Neuland. Zu allem Übel akzeptiert das

System bei keinem der Gäste die Kreditkarte ohne zusätzliches Secure-Verfahren, für das aber keiner von ihnen bei der Hausbank registriert ist. Keine Karte, keine Bestellung, selbst der Restaurantchef lässt sich nicht erweichen. Bevor meine Gäste mir mit triefendem Mund beim Essen zusehen müssen, übernehme ich kurzerhand die gesamte Bestellung und die Gäste geben mir den Gegenwert in bar. Hoffentlich bleibt dieser Zustand nicht die nächsten drei Tage so. Andernfalls reise ich wohl bald mit größerem Barvermögen, als mir lieb ist.

Nachdem wir unseren Hunger gestillt haben, machen wir uns auf den Weg in die Provinz Telemark. Bei herrlichem Sommerwetter fahren wir durch die fabelhafte Landschaft und ich unterhalte meine Gäste dosiert mit Wissenswertem zum ein oder anderen, was es an der Strecke zu sehen gibt. Bald winkt ein Kleinod. Die Stabkirche von Heddal, bei der wir natürlich einen Fotostopp einlegen. Für eine Stabkirche hat sie geradezu gewaltige Ausmaße und ist auch die größte ihrer Art in Norwegen. Von einem Troll wurde sie in nur drei Tagen erbaut, zumindest erzählt man sich das. Historiker plädieren mehr dafür, dass man über den Erbauer nichts genaues weiß, haben sich aber darauf geeinigt, dass Mr. Unbekannt damit im 12. Jahrhundert begann und ein anderer Mr. Unbekannt die Errichtung im 13. Jahrhundert beendete. In einem Anfall von Modernisierungswut wurde die Kirche ein paar Jahrhunderte später so verändert, dass der Bau danach nur noch wenig mit der Tradition der Stabkirchen zu tun hatte. Und da der Norweger an sich ja gerne mal für seinen Unmut über etwas auch öffentlich eintritt, baute man 1954 kurzerhand wieder alles auf das Level zurück, das für traditionelle Stabkirchen so mittelalterlich unverwechselbar ist. Glück für uns, die wir heute diesen wunderbaren Anblick genießen können. Den Charme des alten Holzes, die wunderschönen, sich überlappenden Dächer, und den charakteristischen Teeranstrich, der den meisten Stabkirchen als Witterungsschutz bis heute regelmäßig verpasst wird.

Weiter geht es zu unserem ersten Tourhotel am wunderschönen Norsjø, einem See, der sich im Süden der Kommune Notodden befindet, der Fruchtkommune Norwegens. Wie man sich denken kann, ist der Obstbau hier Programm. Und wir bekommen auch direkt eine Kostprobe davon, welch fabelhafte Früchte hier auf ihren Verzehr warten. Jeder von uns wird auf seinem Zimmer mit einem Willkommensgruß überrascht. Eine Flasche liebevoll hergestellten Apfelsafts. Der beste, den ich je getrunken habe. So natürlich süß, so lecker. Wir alle trinken die Flasche ohne Umschweife leer. Danach machen wir weiter mit Sekt. Also in Wirklichkeit mit unserem Begrüßungscocktail, der auf dieser Tour nicht auf dem Schiff stattfindet, sondern bereits hier im Hotel. Während wir auf der Terrasse die entzückende Aussicht genießen, stoßen wir auf diese Reise an, diskutierend über die neue Zeit, die angebrochen ist. Nachdem wir auch unser

Abendessen bei einem ausgelassenen Schwätzchen zu uns genommen haben, fallen wir alle müde, aber glücklich ins Bett.

Telemarkkanal, 07. August

Der Wecker klingelt um sechs. Ja, bei strammem Vorprogramm muss man früh auf den Beinen sein. Mein Wettergebet wurde erhört, die Sonne lacht vom Himmel. Beste Voraussetzung um den Tag auf dem Telemarkkanal voll auszukosten. Bereits um acht Uhr sitzen wir samt Gepäck im Bus und fahren nach Ulefoss. Die dortige Schleusenanlage ist unser Einstiegspunkt um die „Henrik Ibsen" zu entern, eines der historischen Schiffe, die bis heute auf dem Telemarkkanal verkehren. Jetzt natürlich für die Touristen und nicht mehr für industrielle Zwecke. 105 Kilometer kann man sich auf dem Kanal vergnügen, aber wir beschränken uns heute auf den Abschnitt zwischen Ulefoss und Spjotsodd. Auch diese Fahrt nimmt immerhin gute fünf Stunden in Anspruch und führt durch die saftig grüne Landschaft Südnorwegens bis zur Hardangervidda.

Wir sind schon früh genug in Ulefoss um die Ankunft unseres Schiffes zu beobachten. Mit gut zehn Metern ist die Schleusenstufe hier zwar nicht die imposanteste an der Strecke, aber sie vermittelt schon mal einen Eindruck, was hier täglich geleistet wird um die Schiffchen hoch zu hieven. Die Schleusen werden bis heute von Hand bedient und die Jungs und Mädels an den Handhebeln brauchen in ihrer Freizeit kein Fitness-Studio mehr. Es knarrt und ächzt, als die ersten Schleusentore sich öffnen. Dazu das Getöse des einströmenden Wassers um das Schiff in die Höhe zu heben. Faszinierend. So einfach und so wirkungsvoll. Die Kammer läuft voll und die nächsten Schleusentore öffnen sich. Nach drei Stufen ist unser Schiff soweit angehoben, dass wir einsteigen können. Die alten Schiffsplanken sind glatt poliert, über die „Henrik Ibsen" spannen sich Wimpel, hübsch aneinandergereiht, die Holzbänke laden ein, sich niederzulassen und an den Aussichtsplätzen hängen bunte Vorhänge. Ach ist das gemütlich. Die Anzahl der Gäste ist auch hier überschaubar und so können wir uns leicht ein hübsches Plätzchen erobern. Einige Norweger haben das schöne Wetter heute ebenso zum Anlass genommen, eine Fahrt auf dem Kanal zu unternehmen. Es dauert nicht lange und es werden Picknick-Körbe ausgepackt und Weinflaschen geöffnet. Ausgelassene Stimmung.

Wir können seit der Abfahrt in Ulefoss die Augen nicht von der zauberhaften Landschaft abwenden und lassen Holzhäuser, Bootsstege und Wäldchen an uns vorbei ziehen. Was für ein Idyll. Bald kommt die nächste Schleuse. Eidsfoss. Jetzt haben wir den Blick auf das Schleusenprozedere vom Schiff aus. Wir fangen erst einmal klein an, zehn Meter in zwei Schleusen-stufen. Erst vom Schiff aus nimmt man wahr, wie hoch die

Schleusentore sind. Das Wasser strömt munter ein und lärmt uns die Ohren voll. Erstaunlich schnell geht es bis wir so weit oben schwimmen, dass die Schleusentore geöffnet werden können. Sanft fahren wir weiter bis zum nächsten Tor. Und hinter uns schließt sich die Schleusenkammer. Wieder warten, bis wir oben schwimmen. Weiter geht es. Auch ein paar Schaulustige haben sich eingefunden um das Spektakel zu beobachten. Viel Platz haben wir um unser Schiffchen herum nicht. Die Schleusenkammern füllen wir in Gänze aus.

Weiter geht die Fahrt Richtung Vrangfoss. Hier sind wir einige Zeit beschäftigt, denn die Überwindung der 23 Höhenmeter in fünf Stufen beansprucht eine ganze Stunde. Vor dem Bau des Kanals stürzte sich hier ein Wasserfall den Fluss hinunter, der Vrangfoss, der heute nicht mehr existiert. Den Namen behielt man bei und benannte kurzerhand die Schleuse danach. Und die ist wirklich spektakulär. Mit der Bugspitze tasten wir uns ans erste Tor. Acht Meter ist es hoch und wiegt 8,5 Tonnen. Die Jungs an den Hebeln müssen sich ordentlich ins Zeug legen um die Schleuse in Gang zu bringen. Es quietscht und ächzt. Es sind ja auch gewaltige Wassermassen, die da zur Seite gedrückt werden müssen. Ich überlege kurzzeitig, ob ich mich nicht für das Schleusen-Team bewerbe. Wer weiß, was noch kommt und dann wird man wenigstens beim arbeiten schlank. Aber wahrscheinlich müsste ich im Vorfeld erst einmal ein umfangreiches Fitness-Programm absolvieren, um da überhaupt irgendeinen Hebel in Gang setzen zu können. Ich entscheide mich, dass es doch angenehmer ist, den Jungs bei der Arbeit zuzuschauen, als selbst mit anzupacken. Auch meine Gäste schauen fasziniert zu, wie wir uns Stufe für Stufe nach oben arbeiten. Nach einer Stunde haben wir es dann geschafft und setzen unsere Fahrt fort zur nächsten Schleuse in Lunde.

Die ist geradezu ein Schleusenabklatsch. Zumindest, was die Überwindung des Höhenunterschieds angeht. Nur eine einzige gemütliche Kammer und drei Meter, die zu überwinden sind. Easy. Dafür stehen gefühlt tausende Schaulustige am Pier. Gibt es ab hier die Fahrt geschenkt? Wollen die alle zusteigen? Abstand und so? Nein, wollen sie nicht. Kurz hinter der Schleuse wird uns klar, warum wir hier so eine Attraktion sind. Der nahe Campingplatz ist gut belegt und die Schleuse Lunde ist für viele das Ausflugsziel des Tages, das mit geringstem Aufwand zu erreichen ist. Idyllischer kann ein Campingplatz wohl kaum liegen. Als wir passieren, stehen viele am Ufer und winken unserem Schiff zu. Wir fühlen uns fast prominent. Dann begegnet uns die MS Victoria, die Königin des Kanals, die seit 1882 hier ihren Dienst tut. Was für ein hübsches Schiff. Zärtlich hornen sich unsere Schiffchen zu und „zärtlich" ist hier der passendste Begriff überhaupt, denn es ist mehr ein flöten als ein hornen. Allerliebst.

Nachdem wir alle Schleusen hinter uns gelassen haben, widmen wir uns der allerfeinsten Seenlandschaft, die schon vor dem Bau des Kanals bestand und seit dem Bau als Ganzes miteinander verbunden ist. Nun werden auch die Felsen schroffer und wechseln sich ab mit Kiefernwäldern. Wir könnten noch stundenlang an der Reling sitzen und die zauberhafte Landschaft in uns aufsaugen, aber wir nähern uns Spjotsodd und damit unserem Ausstieg.

Unsere Busfahrerin erwartet uns bereits am Pier und nach einer kleinen Rauchpause für meine Gäste geht es gleich weiter. Nächste Station: Haukeliseter Fjellstue. Das entzückende Hotel liegt am höchsten Punkt der Straße übers Haukelifjell, dort, wo man die Grenze von Ostnorwegen nach Westnorwegen überschreitet. In tausend Meter Höhe vertreten wir uns bei unserem letzten Zwischenstopp die Beine am zauberhaften See Ståvatnet, an dem das Hotel liegt. Obwohl wir August haben, also quasi Hochsommer, scheint das hier noch nicht richtig angekommen zu sein. Oder vielmehr lässt das Fjell dieses Jahr wohl die Schneefreiheit aus. Überall am Ufer sind Schneefelder zu sehen und das ausgerechnet, wo die Verwandtschaft meiner Gäste uns pausenlos mit Nachrichten von der Hitzewelle in Deutschland versorgt. 38 Grad sind es dort und wir relaxen bei angenehmen zehn. Alle sind wir uns einig. Tauschen? Nein! Wir beobachten die Naturliebhaber, die sich überall am Seeufer aufhalten, Kajakfahrer sind unterwegs, es wird gegrillt und gechillt. Norwegisches Naturerlebnisglück. Viel zu kurz ist unser Aufenthalt, aber wir müssen weiter, denn uns winkt ein Abendessen im Hotel. Das wiederum liegt an einem weiterem See, am Røldalsvatnet, der idyllischer kaum sein könnte. Die Gipfel der Umgebung ragen steil auf und das Wasser ruht wie in deren Schoss. Der Kitsch des Norwegenglücks.

Unser Hotel ist der reine Luxus. Jeder von uns hat ein vollwertiges Apartment mit Blick auf die Idylle, ich könnte hier einen zweiwöchigen Stopp einlegen. Und meine Gäste auch. Fast könnte man meinen, dass Corona weit weg ist. So friedlich ist alles hier. Aber auch wenn wir noch so erfüllt von der herrlichen Natur sind, zwingt uns die Müdigkeit ins Bett. Wir alle sind aber gleichzeitig gespannt auf den morgigen Tag.

Westnorwegen, 08. August

Fünf Uhr morgens und der pure blasenbedingte Zufall, dass ich so früh aus dem Fenster schaue. Aber was ist das? Gerade ist die Sonne aufgegangen und Morgennebel liegt über dem See. Welch ein Anblick. Der Himmel leuchtet in zartem rot und orange. Ich kann nicht anders, als mir schnell etwas über zu werfen und raus zu gehen um die frische Morgenluft zu genießen. Fehlt nur ein Kaffee. Aber auch ohne den Koffein-Kick ist der Anblick einfach überwältigend.

Drei Stunden später stehen wir mit Sack und Pack am Bus. Heute ist Wasserfallfestival. Drei der schönsten werden wir uns heute anschauen. Bis zum ersten fahren wir nur eine kurze Strecke. Kurz vor dem idyllischen Ort Odda liegt der Låtefossen, ein Zwillingswasserfall, der sich 163 Meter in die Tiefe stürzt. Er ist ein Abfluss der Hardangervidda, der größten Hochebene Europas. Wie das bei Wasserfällen so üblich ist, ist er so laut, dass wir uns ab jetzt nur noch lautstark verständigen können. Und nass werden wir außerdem. Die Gischt spritzt in feinstem Nebel so weit, dass es unmöglich ist, sich dem Wasserfall zu nähern ohne in null Komma nichts durchnässt zu sein. Aber was macht das angesichts dieser Naturgewalt. Wer die Straße am Wasserfall passiert, bekommt eine kostenlose Dusche. Gegenüber liegen die Hänge des Gletschers Folgefonna. Er ist der drittgrößte Festlandgletscher Norwegens.

Durch die zauberhafte Natur fahren wir weiter Richtung Vøringsfossen. Eigentlich ist dieser Wasserfall gar nicht in unserem Vorprogramm vorgesehen, aber da der Umweg im Zeitplan gut zu schaffen ist, hat es sich bei uns Reiseleitern eingebürgert, dass wir ihm einen Besuch abstatten. Alle Tage fährt man ja nun nicht durch Zentralnorwegen und es wäre zu schade auf diesen imposanten Wasserfall zu verzichten. Während wir mit unserem Reisebus unterwegs sind, erwecken wir immer wieder die Aufmerksamkeit der Norweger. Seit Monaten haben die Straßen hier keinen Reisebus gesehen und wir geraten fast zum prominenten Ereignis. Man winkt uns und feiert, dass es mit dem Tourismus wieder aufwärts geht. Möglicherweise ist der Wettergott weniger begeistert über die zurück kommenden Touristen und beschert uns Regenschauer am laufenden Band. Immer wenn wir aussteigen, dreht der Himmel allerdings den Wasserhahn zu. Auch am Vøringsfossen hört es bei unserer Ankunft auf zu regnen, so dass wir das Naturschauspiel vollumfänglich genießen können. Direkt oberhalb der Schlucht, in die sich der Wasserfall ergießt, liegt das Fossli Hotel, das bereits seit 1891 zum Teil auch prominente Gäste empfängt. Schon die gekrönten Häupter Europas haben hier Urlaub gemacht, aber auch Künstler und Musiker, die sich von der atemberaubenden Landschaft haben inspirieren lassen. Edvard Grieg komponierte hier sogar eines seiner Werke.

Der Vøringsfossen selbst ergießt sich hier in eine imposante Schlucht. 183 Meter rauscht er in die Tiefe und speist sich aus dem Fluss Bjoreio, der zum Zweck der Stromerzeugung aufgestaut wird. Damit sich der Wasserfall den Touristen nicht nur als Rinnsal präsentiert, wird die regulierte Wassermenge in der Hochsaison zwischen Mai und September jedoch erhöht und der Vøringsfossen führt dann nahezu die natürliche Durchflussmenge. So verfährt man in Norwegen bei allen touristisch bedeutenden Wasserfällen.

Damit man den Vøringsfossen gut sehen kann und niemand versehentlich einen Freiflug in die Schlucht absolviert, wurden mehrere Podeste an den Abhang gebaut, so dass man sich gefahrlos dem herrlichen Anblick ergeben kann. Über Stege, die entlang der Schlucht verlaufen, kann man sich Podest für Podest vorarbeiten und hat so immer wieder einen anderen Blick auf den Wasserfall. Quer über die Schlucht spannt sich die neue Treppenbrücke, ein Entwurf des norwegischen Architekten Carl-Viggo Hølmebakk, mit 99 Stufen. Wir können sie heute noch nicht betreten, erst in gut zwei Wochen wird sie eingeweiht werden.

Unser Stopp von einer halben Stunde ist viel zu kurz, aber das ist das Leid bei Rundfahrten. Wir müssen den Zeitplan einigermaßen einhalten, damit wir heute rechtzeitig in Bergen ankommen. Bevor wir den nächsten Wasserfall ansteuern, gönnen wir uns jedoch eine Mittagspause im Norsk Natursenter Hardanger. Es liegt direkt am Hardangervidda Nationalpark und das integrierte Erlebniszentrum hält allerhand bereit zur norwegischen Natur und Kultur, aber auch zu Klima und Umwelt. Für einen Besuch der Ausstellung bleibt uns aber heute keine Zeit. Zwar halten wir uns eine ganze Stunde hier auf, aber der Magen fordert parallel auch seine Befüllung ein. Wir sind die einzigen, die im angeschlossenen Restaurant einkehren und sind sogleich kurz vor der Heiligsprechung. Die ersten Touristen seit langem. Wir kaufen dann auch fast die gesamte Sandwich-

Auslage auf, schon allein aus Unterstützungsbereitschaft. Wir alle im Tourismus können gegenseitige Hilfe mehr als gebrauchen. Dazu halten wir einen Plausch mit den Service-Kräften und motivieren uns gegenseitig, dass es nun endlich aufwärts geht, auch wenn die Sommersaison schon fast gelaufen ist. Wichtig ist das Signal, das der Tourismus bekommt. Er ist zurück, auch wenn er im Moment noch ein zartes Pflänzchen ist, das weiter begossen werden möchte, um zu neuer Blüte zu kommen.

Nach unserem Mittagsstopp machen wir uns auf den Weg zum nächsten Wasserfall, dem Steindalsfossen, der in der Kommune Kvam in Vestland liegt. Von der Fallhöhe ist er im Vergleich zu unseren ersten beiden Wasserfällen heute eher unspektakulär, nur fünfzig Meter tief ergießt er sich in den Fluss Steindalselva. Dafür hält der Steindalsfossen aber eine andere Attraktion bereit. Man kann sich hinter ihn begeben ohne nass zu werden. Ein befestigter Weg führt auf die Rückseite der Wassermassen. Natürlich wollen alle sehen, wie es ist, von dort ins Tal zu blicken. Wie die Pilger hintereinander gereiht begeben wir uns auf den Weg. Tatsächlich befinden sich heute am Steindalsfossen außer uns sogar ein paar weitere Touristen, so dass uns hier unsere „Wir-sind-die-ersten" Glorifizierung abspenstig gemacht wird. Natürlich stört uns das nicht, im Gegenteil. Ich unterhalte mich mit einigen, die sofort nach Bekanntgabe der Grenzöffnung ihre sieben Sachen ins Wohnmobil gepackt und sich auf den Weg nach Norwegen gemacht haben. Es herrscht fast so etwas wie euphorische Stimmung.

Wir fahren weiter Richtung Bergen. Ein langer Tag liegt bereits hinter uns, aber natürlich wollen alle Gäste noch eine kleine Rundfahrt durch die Stadt machen. Wir passieren die wichtigsten Sehenswürdigkeiten und machen auch noch einen Spaziergang durchs Hanseviertel. Hier sind die Besucher mehr geworden im Vergleich zu vor drei Wochen, aber wenn man bedenkt, wie viele Kreuzfahrtschiffe im August in den vergangenen Jahren nach Bergen kamen, so hat sich die Zahl der Touristen 2020 auf einen winzigen Bruchteil davon reduziert. Sicher lässt sich darüber streiten, ob der Massentourismus, wie er in den letzten Jahren stattgefunden hat, nicht auch mit Sorge betrachtet werden muss, und man sollte es zum Anlass nehmen, neue, nachhaltigere Konzepte ins Spiel zu bringen. Jedoch ist der abrupte Stopp, wie er dieses Jahr stattgefunden hat, eben auch keine Zukunftsperspektive.

Gegen 19 Uhr setzt uns der Bus am Hurtigrutenterminal ab. Es ist Zeit, sich von unserer Busfahrerin zu verabschieden, die uns drei Tage sicher kreuz und quer durch Norwegen kutschiert hat und die ebenfalls mit unserer Gruppe zusammen gewachsen ist. Sie wird morgen mit neuen Touristen die umgekehrte Strecke absolvieren. Wir aber geben uns nun dem Einschiffungsprozedere hin. Für mich ist es ja jetzt bereits das zweite Mal und es wird bald zur Routine werden. Wie bei der letzten Tour ist es leer im Terminal, kein Gedränge, keine Schlangen vor dem Check-in. Es gilt die Sreening-Bögen auszufüllen, ich teile die Bordkarten an die Gäste aus. Ein Stockwerk höher wird Fieber gemessen, aber wo ich bei der letzten Tour noch nervös war, ist mir das jetzt schon in Fleisch und Blut übergegangen. Allerdings merke ich bei den Gästen eine leichte Unsicherheit, denn für sie ist das Prozedere ja das erste Mal und sie machen sich Gedanken. Was ist, wenn einer von ihnen Fieber hat? Diese Überlegungen werden uns wohl noch eine lange Zeit begleiten.

Es verläuft jedoch alles reibungslos, Hände werden desinfiziert und wir können rauf aufs Schiff. Hier ist es deutlich leerer als noch bei meiner Tour Ende Juli. In Norwegen sind die Sommerferien zu Ende gegangen und dementsprechend tauschen die Norweger ihre Reiselust wieder mit dem Berufsalltag. Viele ausländische Touristen haben ihre Reise bereits in den letzten Monaten abgesagt, nicht jeder hat die Nerven bis zur letzten Sekunde mit der Umbuchung oder Stornierung zu warten. Auch das ist für uns im Tourismus ein Problem, denn für gewöhnlich planen die meisten ihren Urlaub nicht von heute auf morgen, sondern langfristig. Schließlich können die meisten nicht spontan ihre Urlaubstage in Anspruch nehmen, sondern müssen sich mit ihrem Arbeitgeber abstimmen. Wir müssen uns wohl darauf einstellen, dass es noch lange dauert bis die Schiffe wieder dauerhaft ausgebucht sind.

Bis dahin wird es eine Gratwanderung am Rande der Wirtschaftlichkeit bleiben.

Ich schaue zunächst beim Expeditionsteam vorbei. Unser Schiff, die MS Nordlys, geht erst mit dieser Tour wieder in den Betrieb und entsprechend ist es für die gesamte Crew Neuland, die Reise mit den neuen Infektionsregeln zu bewältigen. Natürlich sind alle entsprechend vorbereitet, aber es ist dann eben doch aufregend, wenn man zum ersten Mal in der praktischen Ausübung neuer Regularien ist. Zumal es ja auch nicht um eine Lappalie geht, sondern darum, die Gesundheit aller an Bord nicht zu gefährden und das Ansteckungsrisiko so weit wie möglich nach unten zu senken. Auch ich war auf meiner Tour vor drei Wochen deutlich nervöser, weil ich nicht in jeder Hinsicht abschätzen konnte, was auf mich zukommt. So geht es jetzt auch dem Expeditionsteam. Eine nervöse Spannung ist im Schiff zu spüren. Fast eine Stunde unterhalte ich mich mit den Jungs und sie quetschen mich in jeder Hinsicht nach Informationen aus. Es tut eben gut, wenn man mit jemandem zusammen arbeitet, der das Ganze Prozedere des neuen Tourlebens schon durchgemacht hat. Auch zwischen uns entsteht in diesem Moment ein großes Gefühl der Zusammengehörigkeit, denn nur mit gegenseitiger Unterstützung können wir den Gästen ein gutes Gefühl an Bord geben. Aber auch für mich ist diese Plauderstunde wichtig, denn im Vergleich zur letzten Tour hat das Gesundheitsministerium ein weiteres Mal

Lockerungen zugestanden, die auf dieser Tour bereits umgesetzt werden.

Eine davon kann ich sofort beim Abendessen in der Praxis testen. Im Restaurant ist wieder ein Buffet erlaubt. Allerdings unterscheidet es sich von den Buffets aus den Zeiten vor Corona. Wo sich bis März jeder selbst bedienen konnte, bestückt der Service jetzt den Teller mit den angebotenen Köstlichkeiten. Ich empfinde das sogar als Bereicherung, hat doch in der Vergangenheit so mancher ungeachtet jeglichen Benehmens fleißig mit ungewaschenen Fingern in die Speisen gelangt und sich den Teller über die Maßen vollgeladen. Das ist jetzt vorbei. Über Laufstraßen wird man nun an der Auswahl vorbei geschleust und sagt dem Service, was man denn zu probieren wünscht. Auch die Gäste nehmen die neue Buffetordnung anstandslos an. Warum auch nicht. Wer nach dem ersten Teller nicht satt ist, holt sich einen zweiten. Nur jeder zweite Tisch ist eingedeckt und auch heute Abend gilt bereits die zugewiesene Tischnummer. Unsere Gruppe sitzt, wie es bereits bis März üblich war, im selben Teil des Restaurants, aber auch hier mit vorgeschriebenem Abstand. An einem Tisch sitzt nur, wer sich auch eine Kabine teilt. Nach den drei anstrengenden Tagen, in denen wir quer durch Norwegen gereist sind, lassen sich jetzt alle das erste Abendessen an Bord schmecken und freuen sich auf die bevorstehende Fahrt bis Kirkenes und zurück.

MS Nordlys, 09. August 2020

Offensichtlich macht diese Tour in punkto Wetter da weiter, wo die letzte Tour aufgehört hat. Die Sonne scheint vom strahlend blauen Himmel. Erster Stopp: Torvik. Die kleine Kommune ist nach Bergen der dritte Hafen, der auf der Tour angesteuert wird. Meistens bin ich nicht an Deck wenn wir dort anlegen, aber wir haben uns wieder mal eine Verspätung erarbeitet und da meine Reiseleitersprechstunde für diesen Morgen vorbei ist, mache ich mich auf die Suche nach meinen Gästen. Die finde ich auch prompt draußen. Der Hafen von Torvik gehört nicht zu den Must-Sees der Tour, aber seine Umgebung ist umso entzückender und deshalb lohnt es sich, einen Blick darauf zu werfen. Immerhin 8.500 Menschen nennen die Kommune ihr Zuhause. Man lebt von der Fischerei und der Landwirtschaft oder arbeitet in der umliegenden Werftindustrie. Dazu gibt es viel Natur und viele Seevögel, die auf der Insel Runde brüten, die sich unweit von Torvik befindet. Das Schiff hier zu verlassen ist allerdings nicht drin, zu kurz ist der Aufenthalt hier. Auch in Ålesund wenig später wird die ohnehin schon kurze Liegezeit verkürzt, damit wir wieder halbwegs in den Fahrplan finden.

Als wir am frühen Nachmittag auf dem Weg in den Geirangerfjord sind, müssen wir uns glatt mit herbstlicher Kleidung versorgen. Ganz schön frisch ist es. Die Gäste machen sich einen besonderen Spaß daraus, wieder mal ihre Verwandten in Deutschland zu ärgern, denn während bei uns sogar manche Gäste eine Mütze aufgesetzt haben, schwitzt ganz Deutschland weiter unter einer Hitzewelle. Whatsapp Nachrichten werden hin und her geschickt. Wir amüsieren uns köstlich. Natürlich genießen wir auch die fabelhafte Natur. Wie schon vor drei Wochen sind auch jetzt keine Kreuzfahrtschiffe unterwegs, obwohl die Grenzen wieder offen sind. Immer noch dürfen Kreuzfahrttouristen nicht an Land gehen, zu groß ist die Gefahr, das Virus wieder einzuschleppen, vor allem, wenn Kreuzfahrtschiffe gleich mehrere Länder anfahren. Hurtigruten hat hier den Vorteil im rechtlichen Sinn als Fähre zu gelten, zumindest, was die norwegische Küste betrifft. Kurzerhand erfanden sich manche Kreuzfahrt-Reedereien neu und initiierten Kreuzfahrten ohne Landgang durch die norwegischen Fjorde. Doch vor wenigen Tagen hat die norwegische Regierung auch hier den Riegel vorgeschoben, da die Reedereien sich damit die norwegische Natur zu Nutze machen, ohne dass Geld im Land bleibt. Eine verständliche Entscheidung für Norwegen, weniger für die Kreuzfahrt-Reedereien, waren doch einige mit der zulässigen Passagieranzahl bereits auf dem Weg ins Land der Fjorde.

Wir sind also allein in der zauberhaften Landschaft. Wie schon auf der Juli-Tour sind überall Kayak-Fahrer unterwegs. Und auch die Fähre von Geiranger nach Hellesylt kommt uns wie immer entgegen. Voll besetzt ist sie oder zumindest so voll besetzt wie erlaubt. In Geiranger selbst stehen am Ufer deutlich mehr Wohnmobile und per Fernglas versuchen wir herauszufinden, ob sie alle norwegische Kennzeichen aufweisen. Nein, auch hier sind die deutschen Wohnmobile zurück, wenn auch nur wenige. Mit uns haben sich weitere Gäste am Bug versammelt. Bald spielen wir das Spiel Abstand-Korrektur. Wo ist die Unbeschwertheit geblieben, die Zeit, in der man ungeachtet der räumlichen Beschaffenheit dicht zusammen gedrängt stand und gemeinsam die großartige Natur erlebte. Sie ist einer ständigen Abschätzung von Abständen gewichen. Trotzdem lassen wir uns die wohltuende Kraft der Natur an diesem Tag nicht nehmen, hilft sie uns auch, damit zurechtzukommen, dass vieles sich verändert hat. Wir hadern eben noch mit dieser Veränderung, verbunden mit der Hoffnung, dass es irgendwann wie früher wird.

Letztendlich geht es der Natur nicht anders als unserer Spezies. Als der Geirangerfjord vor 2,5 Millionen Jahren entstand, indem die Gletscher der Eiszeit beharrlich das Gestein abschürften, entwickelten sich parallel Flora und Fauna, die seitdem zahlreichen Veränderungen unterworfen waren. Das ist teilweise auch dem Tourismus geschuldet. Das war mir auch vorher schon bewusst, ist es aber jetzt umso mehr, als auch mein Leben so extremen Veränderungen unterworfen ist. Und das vieler anderer mit mir. Kein Laut regt sich als wir durch den Fjord fahren. Möglicherweise genießt die Tier- und Pflanzenwelt die Ruhe in einer lange nicht gekannten Entspanntheit.

Als wir am Abend Molde verlassen, ist der Tag schon fast der Nacht gewichen. Nicht mehr lange und die abendliche Schiffsbegegnung findet wieder im Dunkeln statt. Heute werden wir die Finnmarken treffen, mein nächstes Schiff im Oktober und gleichzeitig meine letzte Tour mit ihr, bevor Hurtigruten sie aus dem Liniendienst nimmt. Wir versammeln uns draußen, nicht nur, um dem Schiff zu winken, sondern auch weil das Licht des Sonnenuntergangs niemanden im Schiff hält. Der blaue Himmel geht am Horizont über in saftiges rot und gelb, die Finnmarken passiert und zeichnet sich noch einige Zeit als Silhouette am Horizont ab. Was für ein Tagesabschluss.

MS Nordlys, 10. August 2020

Schon wieder strahlend blauer Himmel. Langsam wird mir das unheimlich. Mangels Teilnehmern findet in Trondheim nur der Ausflug zum Ringve-Museum statt, das Besucher mit seiner Sammlung historischer Musikinstrumente anlockt. Zwei meiner Gäste nehmen daran teil, aber die übrigen sechs sind quasi ausflugslos. Daher biete ich kurzerhand eine Stadtführung durch Trondheim an. Als wir uns auf den Weg machen, begegnen wir dem Ausflugsbus. Insgesamt vier Teilnehmer sind es, die sich auf fünfzig Plätzen breit machen dürfen. Ein Trauerspiel. Wie soll das in der Zukunft weiter gehen? Nur nicht drüber nachdenken und weiter hoffen, auf bessere Zeiten oder auf ein Wunder.

Bei bestem Wetter drehe ich mit meiner Gruppe die übliche Runde, entlang am Kanalhafen zum Nidarosdom. Da wir heute auf das Mittagessen verzichten, decken wir uns unterwegs mit kleinen Snacks ein. Auch wenn das Buffet bei den Mahlzeiten zurück ist, sind wir nach wie vor zu festen Zeiten auch beim Frühstück und Mittagessen eingeteilt, damit die Zahl der Gäste im Restaurant reguliert werden kann. Die Liegezeit reizen wir bis zum Anschlag aus. Das kommt auch daher, weil ich dieses Mal zwei ambitionierte Hobbyfotografen in meiner Gruppe habe und so veranstalten wir einen spontanen Fotoworkshop. Gewöhnlich gebe ich solche Workshops in Oslo für Touristen, die von ihrem Städtetrip mehr als nur die Standardfotos mit nach Hause bringen möchten. Besondere Zeiten erfordern besondere Ideen. Also gebe ich Motivtipps im Schnelldurchgang, denn trotz fotografischer Ambitionen läuft die Uhr gegen uns. Gerade beim Fotografieren vergisst man gerne, die Zeit im Blick zu behalten, wenn man auf der Suche nach ungewöhnlichen Motiven oder Aufnahmepositionen ist. Außerdem bin ich heute in der Verantwortung, die Gäste rechtzeitig zurück zum Schiff zu bringen, im Gegensatz dazu, wenn sie alleine unterwegs sind und sich selbst um den Besichtigungszeitplan kümmern müssen.

Am Nidarosdom bin ich nebenbei noch verabredet. Es ist ein wunderbares Gefühl zurück im alten „Tourstress" zu sein. Das hin- und her turnen zwischen Gästebetreuung und dem gelegentlichen Treffen mit alten Bekannten. Auch heute habe ich so ein Treffen. Wieder einmal eine Social Network Begegnung. Bereits im letzten Jahr haben wir uns in Trondheim getroffen und heute wiederholen wir das Ganze. Seit der Grenzöffnung haben wir bereits hin und her geschrieben, ob und wann es zeitlich passt. Heute passt es, auch wenn es nur für eine Zehn-Minuten-Plauderei reicht. Wie in alten Zeiten. Es ist voller geworden am Nidarosdom, wo sich vor drei Wochen noch niemand an der imposanten Kirche aufhielt, ist heute ordentlich Betrieb. Jedenfalls für Coronazeit-Verhältnisse.

Während die Gäste am Nachmittag das herrliche Wetter genießen, schaue ich wieder beim Expeditionsteam vorbei. Uns alle, die wir auf dem Schiff arbeiten, drängen dieselben Gedanken. Werden wir jetzt dauerhaft wieder arbeiten können oder sind die Touren jetzt nur eine hoffnungsvolle Episode, die ein schnelles Ende finden wird? Keiner wagt zu prognostizieren, wie es mit dem Tourismus weiter geht. Zumal wieder steigende Infektionszahlen gemeldet werden. Noch moderat, aber wird das so bleiben? Man wird langsam paranoid und kann die Existenzangst kaum noch dauerhaft abschalten, auch wenn wir gerade zu denen gehören, die zurück im Job sind. Ebenso unser „Gesundheitsminister" gesellt sich zu uns. Wie bereits auf meiner

Juli-Tour wurde auch auf der MS Nordlys seine Stelle neu geschaffen um die Gäste anzuhalten, die Hygienemaßnahmen zu beherzigen. Aber er hat gute Nachrichten für uns. Alle verhalten sich den neuen Regeln entsprechend. Also versuchen wir die Sorgen wegzuwischen, es wird schon dauerhaft funktionieren.

MS Nordlys, 11. August 2020

Mich mit den aktuellen Nachrichten erst nach der Tour zu beschäftigen, habe ich im Moment aufgegeben. Schon bevor wir am Morgen den Polarkreis überqueren, checke ich die Meldungen des Tages. Es ziehen dunkle Wolken auf. Einmal mehr hat die norwegische Regierung in ihrer regelmäßigen Pressekonferenz unangenehme Neuigkeiten ins Spiel gebracht. Die Gesundheitsbehörde empfiehlt, die Grenzen zu einigen europäischen Ländern wieder zu schließen. Noch ist nichts entschieden, aber allein das Aussprechen dieser Empfehlung, bereitet mir Unbehagen. Nachdem ich die Kennzahlen der Infektionen in Deutschland abgerufen habe, bin ich einiger-maßen beruhigt. Die Werte sind weit entfernt von der bösen Zahl zwanzig, die Zahl, die Norwegen als Richtwert festgelegt hat, und die im eigenen Land nicht überschritten sein darf, wenn man quarantänefrei nach Norwegen einreisen will. Sie markiert die Ansteckungen pro hunderttausend Einwohner innerhalb der letzten vierzehn Tage. Das ist die sogenannte 14-Tage-Inzidenz.

Keinem Menschen war dieses Wort vor der Pandemie geläufig, außer den Virologen, und jetzt kennen wir es besser, als es uns lieb ist.

Deutschland liegt bei knapp sechs. Alles ist gut. Jetzt schnell raus um den Polarkreis zu sehen. Meine achtköpfige Gruppe sitzt wohl beim Frühstück, fast keiner ist draußen. Da ich wie schon bei der letzten Tour durchgehend auf das Frühstück verzichte, kann ich mich ungeachtet der festgelegten Frühstückszeit draußen aufhalten. Bei meiner Runde auf Deck fünf bemerke ich allerdings, dass zwei Gäste es mir gleich getan haben. Wer braucht schon Frühstück, wenn man zum ersten Mal den Polarkreis passiert. Der Rest der Truppe nutzt den Logenplatz im Restaurant, denn unsere zugewiesenen Tische liegen backbord. Aber kaum haben sie ihren morgendlichen Hunger gestillt, hält auch die Gäste nichts mehr drinnen und wir genießen die Fahrt nach Ørnes, für mich nach wie vor einer der zauberhaftesten Küstenabschnitte.

Am Vormittag ruft mich einer meiner Kollegen an. Er startet nächste Woche zu seiner ersten Tour nach dem Lockdown und möchte natürlich wissen, wie auf den Schiffen jetzt alles abläuft. Fast eine Stunde besprechen wir die neuen Regelungen, es ist unfassbar wie ein kleines Virus jetzt unseren Berufsalltag beherrscht und nicht ein Tag vergeht, an dem man das Ganze wenigstens für ein paar Stunden vergessen kann. Aber natürlich ist es so, dass wir auf den Schiffen Verantwortung tragen für die Gesundheit der Gäste und es wäre grob fahrlässig, das Virus da mal ein paar Tage außen vor zu lassen. Trotzdem ist es eine Belastung für uns alle. Mein Kollege wird mich auf der Nordlys nächste Woche ablösen und wir verabreden uns zu einem kleinen Plausch in Bergen.

Am Abend in Svolvær können wir endlich mal wieder eine gedankliche Virus-Auszeit nehmen, denn der Himmel gibt alles. Mit meiner Gästetruppe drehe ich eine Runde am Hafenbecken und wie schon auf der Juli-Tour färbt die untergehende Sonne die Wolken zum Flammenmeer. Allerdings zwei Stunden früher als noch vor drei Wochen, als uns dieser Flammenhimmel im Trollfjord beschert wurde. Diesmal findet das Lichtschauspiel über Svolvær statt und ist nicht minder atemberaubend. Rot und gelb leuchtet der Himmel und mir wird klar, wie nah wir bereits wieder an der Nordlichtsaison sind. Schon Ende dieses Monats wird die Jagd eröffnet. Verkehrtes Zeitgefühl dieses Jahr. Der Sprung von Winter auf Spätsommer ohne den Jahreskreislauf auf den Touren zu durchleben, bringt einen ganz durcheinander.

MS Nordlys, 12. August 2020

Tag fünf ist angebrochen und auch heute schickt uns der Wettergott beharrlich allerfeinsten Spätsommer. Wieder einmal wird es keine Ausflüge geben, da sich nicht genug Teilnehmer angemeldet haben. Schon am Morgen belagert mich meine Gruppe daher, ob wir in Tromsø heute Nachmittag gemeinsam losziehen. Schnell kommt eine Fahrt auf den Storsteinen, den Hausberg der Stadt, mit der Gondel ins Spiel. Bei dem Wetter das perfekte Programm in Tromsø. Als wir überlegen, ob wir mit dem Taxi oder dem Bus zur Talstation des Fjellheisen fahren, lassen wir die Idee mit dem Taxi schnell fallen. Immerhin sind wir neun Personen und dicht gedrängt im Taxi zu sitzen ist im Moment passé. Wir entscheiden uns also für den Bus und dafür, den Rückweg vorbei an der Eismeerkathedrale zu Fuß anzutreten. Noch etliche Gäste außerhalb meiner Gruppe schließen sich an. Immer gut, wenn ein Reiseleiter dabei ist, der einem das Suchen nach dem Weg abnimmt. Fast wie vor Corona überfallen wir den Narvesen Kiosk und kaufen den Fahrkartenvorrat leer. Als wenig später der Linienbus vorfährt und sich die Türen öffnen ist es ganz schön voll darin. Offensichtlich ist die Option Bus in punkto Gedränge nicht besser als das Taxi. Wir müssen uns förmlich hinein quetschen. In Norwegen herrscht nach wie vor keine Maskenpflicht und sechs Stationen dicht gedrängt mit mir völlig fremden Menschen auf beengtem Raum zu stehen, finde ich nicht sonderlich sympathisch. Also nehme ich kurzerhand meine Alltagsmaske aus dem Rucksack. „Gute Idee", finden die Gäste und tun es mir gleich. Nun ja, ob es ernsthaft hilft, weiß ich nicht, aber jedenfalls tut es nicht weh und schadet eben auch nicht. Eine halbe Stunde später in der Gondel machen wir es ebenso. Zwar sind hier jetzt weniger Personen pro Fahrt zugelassen, aber auch mit wenigen Mitfahrern steht man noch relativ dicht gedrängt.

Oben angekommen geben wir uns dann aber der fabelhaften Aussicht hin. Wie wunderschön die Stadt Tromsø zu unseren Füssen liegt. Auch ich war lange nicht hier oben und daher genieße ich es vollends. Nicht nur unser Schiff hat hier fest gemacht, sondern noch zwei weitere Hurtigrutenschiffe. Die MS Spitsbergen parkt immer noch hier und wartet auf ihre Reaktivierung. Nicht mehr lange und alle Schiffe werden zurück im Liniendienst an der Küste sein. Die MS Roald Amundsen liegt am Kreuzfahrtterminal, doch eher aus traurigem Anlass. Seit das Virus auf dem Schiff vor ein paar Wochen ausgebrochen ist, wartet es auf bessere Zeiten. Alle Sondertouren nach Spitsbergen, die als Ersatz für die Expeditionsrouten dienen sollten, wurden abgesagt. Wir hoffen alle, dass es zu keinen weiteren Zwischenfällen auf den Schiffen kommt.

Mehr als eine Stunde halten wir uns hier oben auf und genießen den Blick auf das landschaftliche Panorama. Obwohl wir uns weit nördlich des Polarkreises und auf 400m Höhe über dem

Meeresspiegel befinden, ist es ungewöhnlich warm. Die Fleece-Jacken können im Rucksack bleiben. Für das alpine Hüttenfeeling gönnen wir uns eine Waffel mit Rømme, dem norwegischen Sauerrahm, und Marmelade. Waffelzeit ist in Norwegen ja immer und überall, mal süß, mal herzhaft, mal mit den ungewöhnlichsten Toppings und die Norweger scheuen sich nicht, leidenschaftliche Diskussionen darüber zu führen, ob eine Waffel herzförmig oder quadratisch sein muss. Auf jeden Fall aber muss sie dünner und weicher sein als in anderen Ländern. Ich muss gestehen, dass mir früher gar nicht geläufig war, von welch gesellschaftlicher Bedeutung die Waffel für dieses Land ist. Meine Vorliebe für süßes machte es mir allerdings leicht, diese liebevolle Tradition sofort anzunehmen, als ich nach Norwegen kam. Heute genießen wir süß und herzförmig und sind somit gestärkt, die Fahrt ins Tal mit der Gondel anzutreten.

Während meine Gäste schon auf dem Weg zurück auf Meereshöhe sind, muss ich auf die nächste Gondel warten, zusammen mit zwei Italienern, die ebenfalls Gäste unseres Schiffes sind und jetzt brav mit Alltagsmaske auf die Abfahrt warten. Die Italiener scheinen gelernt zu haben aus der Infektionswelle, die sie im März überrollt hat. Auch ich habe meine Alltagsmaske wieder aufgesetzt. Zu uns gesellen sich vier Norweger, die sich während der Fahrt ins Tal lautstark über unsere „Maulschlüppis" lustig machen. Zu dumm, wenn man denkt, dass Ausländer die eigene Unterhaltung nicht verstehen.

Auf Norwegisch sage ich den Vieren, dass es jedenfalls auf einen Versuch ankommt, Corona mit den Masken in den Griff zu bekommen, denn sie tun nicht weh und geben uns zumindest die Chance unseren Alltag weiterleben zu können. In der Gondel herrscht Schweigen und ich komme mir vor wie eine wütende Mutter, die ihre Kinder zur Räson zu bringen versucht. „Ist doch wahr", denke ich und kann darauf verzichten, dass mir durch steigende Infektionszahlen erneut Berufsverbot erteilt wird.

Von der Talstation aus, machen wir uns auf den Weg zur Eismeerkathedrale. Wir sind schon spät dran, weil wir uns oben auf dem Berg viel Zeit gelassen haben, aber wir schaffen es gerade noch rechtzeitig vor Besichtigungsschluss zur Kirche. Im Schnelldurchgang wird ihr Inneres begutachtet. Der Weg über die Tromsøbrücke zieht sich heute wie Kaugummi. Der Verkehr donnert an uns vorbei und nebelt uns mit hübschen Abgaswolken ein. In regelmäßigen Abständen keimt die Diskussion auf, die Tromsøbrücke abzureißen und durch einen Tunnel zu ersetzen. Obwohl ich mir wirklich besseres vorstellen kann, als die Brücke zu Fuß zu überqueren, fände ich es schade, wenn sie neuen Bauvorhaben zum Opfer fiele. Warten wir ab, was die Politik sich in dieser Hinsicht ausdenkt.

Zurück in der Stadt bin ich auf der Suche nach einer Bank, die alte norwegische Geldscheine umtauscht. Zwei Gäste meiner Gruppe haben von ihrer Hausbank in Deutschland beim

Geldumtausch Scheine erhalten, die bereits seit 2018 nicht mehr gültig sind. Sympathisch. In Etappen wurden in Norwegen alle Geldscheine durch neue ersetzt, verwunderlich in einem Land, in dem das Bargeld praktisch abgeschafft ist. Immer wieder kommt es vor, dass Gäste mit alten Scheinen nach Norwegen reisen, dabei sollte man meinen, dass sogar deutsche Geldinstitute über Listen verfügen, welche Geldscheine denn nun in anderen Ländern gültig sind. Nicht in jeder Bank in Norwegen kann man altes Geld gegen neues eintauschen, daher haben wir Reiseleiter uns eine kleine Übersicht angelegt, wo das möglich ist. Unsere Trödelei beschert uns heute allerdings, dass wir bei der Bank vor verschlossenen Türen stehen. Fünftausend alte Kronen müssen bis zur nächsten Umtauschmöglichkeit warten.

MS Nordlys, 13. August 2020

Nordkapp-Tag und heute bin ich wieder beim Ausflug dabei im Gegensatz zur letzten Tour. Wer weiß, ob es das erste und gleichzeitig das letzte Mal ist, bis neue Wolken am Corona-Horizont aufziehen. Immerhin 22 Teilnehmer sind mit von der Partie. Auch meine gesamte Gruppe ist dabei. Es ist erst das zweite Mal überhaupt dieses Jahr, dass ich das Nordkapp sehe. Seit dem 3. Januar war ich nicht mehr hier. Die Fahrt über die Insel Magerøya genieße ich deshalb heute ganz besonders.

Jahrelang war es für mich selbstverständlich, zehn- oder zwölfmal am Globus zu stehen und auf einmal gerät es zur Besonderheit. Das Nordkapp-Plateau empfängt uns mit strahlendem Sonnenschein und wir gehen zum Aussichtspunkt westlich des Globus. Von hier aus hat man einen atemberaubenden Blick auf die steil abfallenden Felsen. Bevor die Straße zum Nordkapp existierte, musste man sich hier in einer mühseligen Kletterpartie nach oben vorarbeiten. Kaum zu glauben, dass im 19. Jahrhundert die Frauen diese Wanderung in ihren üblichen langen Röcken absolvierten.

Mir fällt auf, dass auch hier die ersten deutschen Wohnmobile zurück sind. Endlich. Ich unterhalte mich mit einigen Urlaubern, ob sie Vorbehalte hatten, sofort wieder zu reisen, als die Grenzöffnung bekannt gegeben wurde. Hier herrscht eine einstimmige Meinung. Keiner von ihnen hat Angst sich anzustecken, aber alle haben Respekt vor dem Virus und beherzigen die für sie nachvollziehbaren AHA-Regeln. Das gibt mir unglaublich Hoffnung, dass wir trotz steigender Infektionszahlen im Tourismus-Comeback sind. Die Menschen wollen reisen und sind nach den Monaten der strengen Beschränkungen froh, sich wieder frei bewegen zu können, auch ins Ausland. Eine ganze Weile stehen wir fröhlich schwatzend da und machen Erinnerungsfotos. 15.000 ausländische Touristen hat das Nordkapp bis zum heutigen Tag im Jahr 2020 gezählt, vor Corona waren es im Schnitt zwei Millionen. Was für ein Schlag für diejenigen hier, deren Haupteinnahmequelle die Touristen sind. Auch am Globus bin ich fast alleine. Wenn ich bedenke, wie sich die Menschen im Sommer letzten Jahres hier drängten und schlange standen um ein Foto von sich zu machen. Verkehrte Welt dieses Jahr. Und doch erwische ich mich bei dem Gedanken, wie wunderbar es ist, dass man das Nordkapp im August einmal ganz für sich hat. Egoistisch. So wie wahrscheinlich auch die Politik ein Mittelmaß zwischen Gesundheitsschutz und Wirtschafts-fortbestand finden muss, ist auch ein Mittelmaß zwischen Leere und Massentourismus durchaus in Erwägung zu ziehen.

Am Nachmittag gibt die norwegische Regierung bekannt, dass ab übermorgen für die Einreise aus mehreren Ländern die Quarantänepflicht eingeführt wird. Darunter sind auch die Niederlande, das Transitland schlechthin für die deutschen Hurtigrutengäste, wenn sie nach Norwegen kommen und den Flug zusammen mit der Schiffspassage über die Reederei gebucht haben. Noch ist allerdings nicht klar, ob die Einreisequarantäne nur dann gilt, wenn man in den entsprechenden Ländern seine Reise beginnt oder ob die Bestimmung auch die Reisenden erfasst, deren Wohnort noch im grünen Bereich liegt und die ein Risikoland nur zum Umsteigen von einem Flug zum anderen nutzen. Aber wenig später wird bekannt gegeben: auch wer in einem Risikoland nur das Flugzeug wechselt, muss nach der Einreise in Quarantäne. Was für ein Mist. Ein Großteil der Gäste, die für die neue Tour in ein paar Tagen anreisen, muss also umgebucht werden und statt in Amsterdam, in Kopenhagen umsteigen. Auf der Europa-Karte, die die norwegische Regierung ins Netz gestellt hat, sind im Moment noch alle Länder goldfarben, das Gold ersetzt hierbei das vormalige Grün, also niedrige Infektionszahlen. Die Farbe „Gold" ist der Freifahrtschein für die Einreise ohne Quarantäne.

Übermorgen werden vier Länder auf der Karte rot gekennzeichnet. Dänemark bleibt jedoch auf „Gold" stehen, so dass die Einreise über Kopenhagen weiterhin möglich bleibt. Deutschland hat sich vom Wert 6 bereits auf 12 „hochgearbeitet". Mir wird mulmig. Die Buchungsabteilung darf sich heute mit diversen Überstunden plagen um alle gebuchten Gäste auf neuen Flügen unterzubringen. Noch immer ist der Flugplan ja nicht auf dem Level von Zeiten vor Corona. Auch eine Stornierungswelle bricht jetzt über uns herein, denn manche verlässt der Mut seine Reise anzutreten. Außerdem waren acht Niederländer auf der neuen Tour gebucht, die jetzt zuhause bleiben müssen. Mein Kollege, dem ich erst vorgestern die neuen Abläufe erklärt habe, ist ebenfalls von der neuen Regelung betroffen, denn auch seine Gäste reisen eigentlich über Amsterdam an und müssen jetzt umgebucht werden. Ich hoffe mit meinem Kollegen, dass von acht Teilnehmern nicht noch ein Großteil storniert und die Reise ganz ins Wasser fällt. Einmal mehr wird uns klar: die konjunkturell bedingte Unsicherheit, der jeder Selbständige ausgeliefert ist, kommt nicht annähernd an die Unsicherheit heran, die jetzt wie ein Damoklesschwert pausenlos über uns schwebt. Wo man heute noch denkt, dass alles in Ordnung ist, steht man morgen wieder ohne Job da. Langsam werde ich sauer, weil ich mich frage, wie das eine ganze Branche dauerhaft durchhalten soll. Nicht nur finanziell, sondern auch mental.

Am Nachmittag folgt gleich die nächste Hiobsbotschaft. Es gibt eine Durchsage der Brücke. Ein Mitglied der Crew ist seit einigen Minuten mit Erkältungssymptomen isoliert. Oh nein. Ich schicke ein Stoßgebet zum Himmel, dass es sich eben nur um eine Erkältung handelt. Im Schiff läuft die Klimaanlage auf vollen Touren, es zieht überall. Ein Schnupfen hat da leichtes Spiel. Die Brücke beruhigt uns, dass erst einmal alles ganz normal weiterläuft, da das Crewmitglied keinen Gästekontakt hatte. Morgen in Kirkenes wird der Test gemacht, der zeigen wird, ob unser Schiff sich eine Corona-Infektion eingefangen hat. Der Ausflug zu den Sami, der in Kjøllefjord stattfinden sollte, wird von den Veranstaltern abgesagt. Es ist ihnen zu gefährlich, Gäste unseres Schiffes zu empfangen. In so unsicheren Zeiten muss man dafür Verständnis haben, auch wenn es schade ist, dass der Ausflug nicht stattfindet. Natürlich ist das isolierte Crewmitglied auch beim Abendessen dauerhaftes Gesprächsthema zwischen meinen Gästen und mir. Wir alle sind jedoch erstaunlich entspannt, wissen wir doch, dass hier auf dem Schiff wirklich alles menschenmögliche getan wird, um das

Infektionsrisiko auf ein Minimum zu senken. Auch die Gäste halten sich beharrlich an die Regeln, und auch außerhalb meiner Gruppe habe ich noch niemanden erwischt, der die Verhaltensregeln ignoriert. Wird schon gut gehen.

MS Nordlys, 14. August 2020

Wir sind in Kirkenes und die Sonne lacht ein weiteres Mal vom Himmel. Zeit für eine kleine Wanderung mit meinen Gästen, denn heute haben alle Bewegungsdrang. Wir beschließen einen der Aussichtspunkte der Stadt anzusteuern. Wir entscheiden uns für das Prestefjellet, die Bergrücken südlich der Halbinsel Prestøya. Für gewöhnlich bietet das Expeditionsteam eine Wanderung dorthin an, aber im Moment sind die Hikes fast alle ausgesetzt, weil noch nicht alle Crewmitglieder aus der Kurzarbeit zurück sind und dementsprechend fast dieselbe Arbeit auf weniger Schultern verteilt wird. Ich mache mich deshalb alleine mit meiner Gruppe auf den Weg. Auch beim See, der dort oben liegt, wollen wir vorbei schauen. Natürlich habe ich zur Sicherheit einen Stadtplan dabei, auch wenn ich ihn meistens nicht brauche, da ich mich nach so vielen Touren in den Städten auskenne. Aber manchmal kommt es ja durchaus vor, dass der Weg vom üblichen abweicht oder Orientierungspunkte einfach wegrationalisiert wurden, wo man lange nicht vorbei gekommen ist. So auch heute.

Nachdem wir zunächst ein Stück entlang der Hauptstraße gegangen sind, suche ich nach der Postfiliale, an der wir abbiegen müssen. Mindestens zwei Jahre war ich hier nicht unterwegs, sondern bin immer in die Innenstadt gegangen oder mit zum Ausflug gefahren. „Wo ist die Post geblieben?", frage ich mich heute, „das war doch früher nicht so weit, bis die Abzweigung kam." Nein, so weit war es nie, aber das schöne große Hinweisschild der Post wurde zwischenzeitlich durch ein mikroskopisch kleines ersetzt, das man erst beim zehnten Hinsehen wahr nimmt. Danke. Immerhin haben wir so ein paar Bewegungsmeter mehr auf der Uhr. Wir folgen der ansteigenden Straße und nach und nach zieht jeder von uns so ziemlich jede Jacke aus, die er am Körper trägt. Ist das warm heute. Da wir allesamt Couchpotatoes sind, kommen wir entsprechend schnell ins Schwitzen. Untrainiert eben. Ich bin ja sowieso beim Schwitzen immer ganz vorne mit dabei, aber heute bin ich geneigt zu fluchen, weil ich mich nach wenigen Minuten nach einer Wanne mit herrlich kühlem Eiswasser sehne.

Auf dem Fjell angekommen, verschnaufen wir erst einmal, um die Aussicht zu genießen. Eigentlich kann man in Kirkenes kaum von Bergrücken sprechen, denn die Gletscher der Eiszeit haben die einstigen Gipfel der Berge gnadenlos zu flachen Plateaus abgeschliffen. Vor tausenden von Jahren beschloss die Natur, uns in der modernen Zivilisation gefahrloses Gehen über Gipfel zu ermöglichen. Natürlich ist das nicht so, aber ich rede es mir ein.

Und die Aussicht ist außerdem fabelhaft. Von hier oben kann man die Form der Halbinsel Prestøya genau erkennen. Im Sportboothafen liegen friedlich die Schiffchen und ganz Kirkenes liegt zu unseren Füssen. Ein wunderbarer Anblick.

Wir gehen weiter zum angrenzenden See und genießen die fabelhafte Natur. Scheinbar halten sich auch die Mücken gerne in dieser Natur auf. Alle paar Minuten müssen wir uns gegen sie wehren. Die Seeufer sind sumpfig und wir wagen uns soweit vor, wie uns der Untergrund Stabilität gibt. Idyllisch ist es hier. Auf den Bergrücken kann man einmal um den ganzen See laufen, aber meine Truppe befindet, dass sie sich heute genug bewegt hat und wir machen uns auf den Rückweg zur Hauptstraße. Da wir noch Zeit haben, nehmen wir aber doch noch die Innenstadt von Kirkenes mit, bevor wir unsere Wanderung am Schiff beenden.

Es ist noch kein Testergebnis des isolierten Crew-Mitglieds da. Zeitgleich haben mehrere Kommunen bestimmt, dass keine Ausflüge stattfinden dürfen, so lange kein negatives Testergebnis vorliegt. Auf der einen Seite ja verständlich, aber andererseits frage ich mich auch, wie das in der kommenden Erkältungssaison gehen soll, wenn wie üblich der erste an zu husten fängt und wir jeden Tag neue Gäste und Crewmitglieder mit Erkältungssymptomen an Bord haben. Es wird wohl eine ausflugslose Herbst- und Wintersaison werden. Für die

Ausflugsveranstalter würde das bedeuten, dass sie vorerst überhaupt nicht mehr zurück in ihren Job kommen. Natürlich leben auch sie maßgeblich von den Hurtigrutenschiffen und den Kreuzfahrern. Letztere sind bis jetzt noch gar nicht wieder gekommen. Die meisten Ausflugsveranstalter sind auch hier mit ihren finanziellen Reserven am Ende und können keine weiteren sechs Monate ohne jeden Umsatz oder nur mit einem Bruchteil des üblichen Umsatzes überleben. Es ist bedrückend. Parallel hören wir, dass jetzt auch auf der MS Midnatsol zwei Crewmitglieder mit Erkältungssymptomen isoliert wurden. Wir hoffen, dass auch dort die Testergebnisse negativ sein werden.

MS Nordlys, 15. August 2020

Mit dem heutigen Tag werden die Niederlande und drei weitere auf „Rot" gesetzt, eine Einreise nach Norwegen ist von dort jetzt nur noch mit Quarantäne möglich. Auch in Dänemark klettern die Zahlen wieder nach oben. Besonders in Kopenhagen. Hoffentlich entsteht da nicht eine neue Katastrophe, jetzt, wo alle Gäste, die demnächst anreisen, auf Flüge über die dänische Hauptstadt umgebucht wurden.

Wir warten weiter auf das Testergebnis unseres Crewmitglieds und da ja deshalb immer noch keine Ausflüge stattfinden dürfen, mache ich eine kleine Stadtführung in Hammerfest. Der

Wettergott scheint uns angesichts der schlechten Nachrichten, die am laufenden Band auf uns einstürmen, mit bestem Wetter entschädigen zu wollen. Auch heute lacht die Sonne vom Himmel, wie seit Tourbeginn. So gut es geht, genießen wir die Stadt und versuchen ein Stück der Unbeschwertheit in unsere Gesinnung zurück zu holen. Wir hoffen, dass bis spätestens heute Nachmittag ein negatives Testergebnis vorliegt, denn nach den Regularien der Provinz Nordland, in der wir uns morgen befinden werden, dürfen auch nach negativem Testergebnis 24 Stunden lang immer noch keine Ausflüge stattfinden. Für die Vesterålen-Panoramafahrt morgen früh würde das keine Änderung bedeuten, weil wir jetzt bereits wissen, dass der Ausflug nicht stattfinden wird, da sich zu wenig Teilnehmer angemeldet haben. Hätte mir das noch letztes Jahr jemand erzählt, hätte ich es nicht geglaubt, da der Vesterålen Ausflug seit jeher zu den beliebtesten gehört. Für die Seeadlersafari morgen sieht es jedoch anders aus. Sie ist ausgebucht und aufgrund meiner Empfehlung hat meine gesamte Gruppe sich ebenfalls für diesen Ausflug angemeldet. Auch ich darf ihn begleiten. Damit er stattfinden kann, muss das negative Testergebnis bis 14 Uhr am heutigen Tag da sein. Wir hoffen.

Die Erlösung kommt kurz nach der Abfahrt in Hammerfest. Die Brücke sagt die gute Nachricht durch. Das Testergebnis ist negativ! Am liebsten würden wir uns alle in die Arme fallen, aber das geht ja leider nicht. In solchen Momenten merken wir alle, wie uns die körperliche Nähe fehlt, sei es nur eine herzliche Umarmung oder sich einfach mal wieder die Hand zu schütteln. Ich bin gespannt, wann die kleinsten und einfachsten Dinge des zwischenmenschlichen Austauschs wieder möglich sind. Den Rest des Tages verbringen wir jedenfalls in ausgelassener Feierstimmung, allerdings mit Abstand. Wir genießen die herrliche Umgebung von Øksfjord, selbst die Fischfabrik dort kommt uns heute vor wie die Produktionsstätte feinsten Parfums. Und hinter Øksfjord erreicht uns eine weitere gute Nachricht: auch auf der MS Midnatsol sind die Testergebnisse ebenfalls negativ ausgefallen. Gott sei Dank!

Kaum nehmen wir Kurs auf die offene Seestrecke Loppa, zurrt die Crew alles im Schiff fest. Ist schon Herbst? Die Zeit der Stürme ist doch noch gar nicht in Sicht. Heute offenbar schon. Es ist ordentlich Seegang angesagt. Meine Gäste sind gespannt, denn bis jetzt war die See auf unserer Tour eher von der Sorte spiegelglatt. Kurze Zeit später drehen sich die Stühle im Takt der Wellen. Mal sehen wie stark das Schaukeln denn nun wird. Die Jungs vom Temperaturdienst, sprich die elektronischen Fiebermessgeräte, liegen vorsorglich bereits auf dem Boden, damit Neptun sie nicht zu Bruch gehen lässt. Die Dinger sind ja wahrscheinlich in der Anschaffung nicht besonders günstig. Wir warten. Nichts passiert. Wo ist denn jetzt der Seegang? Außer einem sanften Schaukeln spüren wir nichts. Wir warten weiter. Nach zwei Stunden befinden wir, dass die Loppa wahrscheinlich kurzfristig überlegt hat, heute doch einen Urlaubstag einzulegen. Mich freut es, die Zeit der sich aneinander reihenden Orkanfestivals wird noch lang genug werden.

Während des Abendessens befinden wir uns plötzlich in ungewohnter Schieflage. Beim Blick aus dem Fenster bemerken wir, dass wir dabei sind, eine 180-Grad-Wende zu vollziehen. Ist Skjervøy, unser nächster Hafen, geschlossen? Nein. Schon vor ein paar Minuten ist uns ein kleines Fischerboot aufgefallen, das wir passiert haben und das im aufgewühlten Wasser hin- und her geworfen wird. Da erfolgt bereits die Durchsage der Brücke: das kleine Fischerboot ist in Seenot und wir drehen um, um Hilfe zu leisten. Wo wir mitten auf der offenen Seestrecke vor einer Stunde noch ruhiges Fahrwasser hatten, ist die See jetzt, wo wir eigentlich schon wieder fast in geschützten Gewässern unterwegs sind, ordentlich aufgewühlt. Das Fischerboot treibt mit Motorschaden wie ein Korken auf dem Wasser und wird zum Spielball der Natur. Die zwei Fischer sitzen zusammen gekauert.

Die Brücke navigiert unser Schiff an das kleine Boot heran, so dass wir vom Heck aus ein Rettungstau hinüber werfen können. Unser Dreigang-Menü gerät auf einmal zur Nebensache, denn wir alle drängeln uns an den Fenstern, so gut es der Abstand erlaubt, und wollen die Rettungsaktion sehen. Als das Dessert aufgetischt wird, schlingen wir es hinunter, schnappen uns unsere Jacken und gehen raus ans Heck. Mittlerweile hat es ordentlich angefangen zu regnen und der Wind pfeift, so dass es der Crew schwer fällt, das Fischerboot mit der Rettungsleine zu treffen. Als das endlich gelingt, versuchen die beiden Fischer verzweifelt, nach der Leine zu schnappen, die immer wieder ins Wasser zu fallen droht. Sie schaffen es. Wir versuchen das Boot nach Skjervøy zu schleppen und ziehen die Geschwindigkeit an, nachdem wir dreißig Minuten auf der Stelle geschwommen sind. Aber selbst knapp zwei Knoten Geschwindigkeit unseres Schiffes entwickeln zu viel Bewegung im Wasser, als dass sich das kleine Fischerboot stabil halten kann. Es nutzt nichts, die Küstenwache muss herkommen und helfen. Bald sehen wir sie aus der Ferne auftauchen. Aber auch die professionellen Helfer brauchen eine ganze Weile, bis sie eine Strategie entwickelt haben, das Fischerboot in der rauen See abschleppfertig zu machen. Das Rettungstau, das immer noch bei uns am Heck festgemacht ist, übergeben wir in einer halsbrecherischen Aktion dem Boot der Küstenwache und es gelingt dem Rettungstrupp, den Fischkutter zu stabilisieren. Wir nehmen unsere Fahrtgeschwindigkeit wieder auf, Kurs Skjervøy. Später erfahren wir, dass bei der Rettung alles gut gegangen ist. Alle sind wohlauf. Welch Segen!

MS Nordlys, 16. August 2020

Es regnet. Ach nein, warum denn ausgerechnet heute. Tag neun eben, das Schlechtwetter-Abo ist zurück. Wo doch nun nach Tagen endlich wieder ein Ausflug stattfinden kann. Den Vormittag verbringen wir drinnen, da der Regen sich so hartnäckig vom Himmel ergießt, dass man in null Komma nichts durchnässt ist. Wir hoffen, dass es sich bis zum Nachmittag bessert. Den Ausflugsbussen in Sortland zu winken entfällt heute, da die Vesterålen-Fahrt ohnehin abgesagt wurde.

Bis zum frühen Nachmittag zieht sich der Regen zurück und es tröpfelt nur noch gelegentlich. Ich hoffe, dass das so bleibt, da Seeadler sich bei feuchtem Wetter gerne dorthin zurück ziehen, wo ihre Flügel nicht nass werden. Andererseits ist die Brutzeit noch nicht zu Ende und ich hoffe darauf, dass das dauerhafte Hungergeschrei der Jungvögel die Alten motivieren wird, trotz Schmuddelwetter auf Nahrungssuche zu gehen. Es ist ein ungewohntes Gefühl, dass so viele auf dem Auto-Deck stehen um für die Seeadlersafari ausgebootet zu werden. Ausgebuchte Ausflüge ist man gar nicht mehr gewohnt. Wobei das „ausgebucht" von vor Corona nicht dem „ausgebucht" von jetzt entspricht. Wo einstmals fünfzig Ausflugsgäste zugelassen waren, sind es jetzt nur noch zwanzig. Ein wunderbares Gefühl ist es, als die MS Orca, unser Seeadlerboot, längsseits kommt. Wir schauen in die leuchtenden Augen der Crew, die sich über einen, den neuen Bestimmungen entsprechenden, ausgebuchten Ausflug freut. Wir sind alle geradezu euphorisch. Da macht es auch kaum noch etwas, dass es wieder stärker zu regnen beginnt.

Nachdem wir alle unseren Platz gefunden haben, zieht die MS Nordlys wieder in ihrer Geschwindigkeit an und lässt uns hinter sich. Ein wunderschöner Anblick, wie sie im Raftsund wieder Fahrt aufnimmt. Wir hingegen suchen vor dem Regen kurzzeitig Schutz im Inneren der MS Orca und staffieren uns mit bodenlangen Regencapes und Südwestern aus. Schließlich gibt es ja kein schlechtes Wetter, sondern nur schlechte Kleidung. Wasserdicht verpackt warten wir daraufhin am Bug des Bootes auf die ersten Vögelchen mit ordentlich Appetit. Das sind zunächst mehr die Möwen, die bekanntlich immer ganz vorne mitspielen, wenn es darum geht, bequem an Nahrung zu kommen. Nicht lange und der erste Seeadler kreist über uns. Majestätisch. Bei uns auf dem Boot wird fleißig aufgetischt. Es gibt Fisch in rauen Mengen. Damit dieser im Wasser auch oben schwimmt, wird er mit Luft aufgepumpt. Wo die Möwen bereits aus der Hand fressen, zieren sich die Seeadler, uns allzu nahe zu kommen. Aber den Fisch aus dem Wasser zu angeln, bewahrt die Distanz und stillt den Hunger. Demnach dauert es auch nicht lange, bis der erste Seeadler im Sturzflug gen Wasseroberfläche vorpfrom und die Trophäe mit sich davon trägt. Kaum hat der eine seine Beute ergattert, kommt der nächste und zieht seine

Runden, zunächst mit prüfendem Blick, ob da noch mehr Fisch im Angebot ist. Auch er fliegt wenig später mit der erbeuteten Leckerei davon.

Wir fahren in den Trollfjord, vorbei an entzückenden Sommerhäuschen und durch schmale Inselschären, eine Strecke, die den großen Schiffen verwehrt bleibt, weil sie zu schmal ist, um mehr als ein kleines Boot durchzulassen. Es regnet in einem fort, aber was wäre eine Hurtigrutentour ohne wenigstens einmal das berühmte frische, norwegische Wetter zu erleben. Ganz nah fahren wir im Trollfjord an die steil abfallenden Felsen heran, so nah, dass wir sie fast mit dem Bug küssen. Aber das hat einen Grund. Auf einem kleinen Felsvorsprung sitzt eine Trollfamilie, mehrere Keramikfiguren in Trollgestalt, die irgendjemand hier platziert hat. Ist ja schließlich auch der Trollfjord. Wo wir doch schon immer wussten, dass hier nachts die Trolle herumtollen, jetzt haben wir die Gewissheit. Während wir noch Fotos von der niedlichen Familie auf ihrem Felsvorsprung machen, ist bereits die Bugspitze der Nordlys zu sehen. Sie musste ja den Weg um die Inseln im Raftsund nehmen, um in den Trollfjord zu fahren und ist daher später dran als wir. Sehr lange war ich bei der Seeadlersafari nicht mehr dabei, weil sie im letzten Jahr meist ausgebucht war, und deshalb genieße ich heute besonders, zu sehen, wie das große Schiff in den Trollfjord fährt. Auch die Gäste sind beeindruckt und machen fleißig Fotos. Und natürlich winken wir auch. Die

Seeadler scheinen hier wohl auch nach dem Rechten sehen zu wollen, denn schon wieder kreisen gleich drei über uns. Damit wir angemessen füttern können, fahren wir ein Stück aus dem Trollfjord hinaus. Die Crew will versuchen den Seeadlern den Fisch direkt aus der Hand anzureichen und wedelt mit den Meeresköstlichkeiten, um durch den ausströmenden Geruch einen der Vögel zu motivieren, einer persönlichen Fischübergabe zuzustimmen. Zunächst zieren sie sich aber. Das Ganze ist ihnen suspekt. Nach einer Weile fasst einer von ihnen aber den Mut, zumindest schon mal mit deutlich weniger Distanz um unser Boot zu kreisen. Dabei entzieht er sich immer wieder unserem Blick und wir können kaum abschätzen, wo er wieder auftaucht. Doch auf einmal flattert er auf den Fisch zu, der ihm entgegen gestreckt wird und greift ihn mit seinem kräftigen Fang. So nah war ein Seeadler mir noch nie. Fast wie der Vogel Rock, das Fabelwesen aus 1001 Nacht, baut er sich in imposanter Größe mit seinen Schwingen vor uns auf. Man muss geradezu den Kopf einziehen. Was für ein Erlebnis.

Da es nun noch kräftiger zu regnen beginnt, beschließen wir uns im Inneren unseres Bootes mit einem Kaffee aufzuwärmen. Alle sind wir volltrunken vom gerade Erlebten. Keiner stört sich daran, dass wir vor Nässe triefen. Wenig später lässt der Regen erneut nach und wir positionieren uns wieder an Deck. Sogar die Sonne setzt sich an einem winzigen Wolkenloch durch und beschert uns im Wechselspiel mit den Regentropfen einen

Regenbogen, der prächtiger nicht sein könnte. Quer über den Raftsund spannt er sich und ist von so intensiver Farbe, dass uns förmlich der Atem stockt. Sogar der Nebenbogen ist zu sehen. Er entsteht bei zweifacher Reflexion des Lichts in den Wassertropfen. Seine Farben verlaufen genau umgekehrt zum Hauptregenbogen und meistens ist er zu schwach, als dass man ihn überhaupt sieht. Nicht jedoch heute, der Himmel scheint uns nach der Dauerdusche von oben trösten zu wollen.

Wir fahren weiter Richtung Svolvær und kommen dabei an einer der beliebtesten Kinderstuben der Seeadler vorbei. Fröhlich sitzen sie hier zusammen und bewachen ihren Nachwuchs. Unser Fischvorrat ist noch nicht erschöpft und wir versuchen ein zweites Mal, einen der Altvögel aus der Hand zu füttern. Nach anfänglichem Zögern gelingt es uns auch dieses Mal. Der Drang, etwas Fressbares zu ergattern, wiegt am Ende schwerer, als das Misstrauen. Aber auf einmal ist Schluss mit der Fütterungs-herrlichkeit, denn der Wind frischt auf. Zeit für uns, im Schiffsinneren das Erlebte Revue passieren zu lassen, während wir auf dem Weg nach Svolvær ordentlich Gas geben. Es schaukelt heftig, aber unser Kapitän hat uns vorgewarnt. Als wir in den Hafen einlaufen, ist auch die Nordlys bereits in Sicht. Kalt ist uns jetzt nach zwei Stunden im Regen. Gut, dass auf unserem Schiff gleich das Buffet winkt und wir uns ein bisschen aufwärmen können. Was für ein gelungener Ausflug. Schon stehen an der Gangway unseres Schiffes die Teilnehmer für die abendliche Fahrt quer über die Lofoteninseln bereit. Auch hier haben sich genügend Gäste gefunden, so dass die Tour stattfinden kann. In Stamsund, dem nächsten Hafen, werden wir sie wieder an Bord nehmen.

MS Nordlys, 17. August 2020

Mit strammen Schritten geht unsere Tour dem Ende entgegen. Den Morgen beginnen wir gleich mit einem erfreulichen Umweg vorbei an der Insel Selsøyvik. Nicht immer nehmen wir diese Route und ich kann mich kaum erinnern, wann ich hier das letzte mal vorbei gefahren bin. Die Insel ist eine alte Handelsstätte aus dem 17. Jahrhundert und hat heute im Winter nur ganze neun Einwohner. Im Sommer sind es regelmäßig deutlich mehr, denn dann werden hier Forellen und Lachse verarbeitet und das lockt Saisonarbeiter an. Die winzige Insel hat sogar einen kleinen Supermarkt und bis vor wenigen Jahren gab es hier auch eine eigene Schule, die aber heute nicht mehr in Betrieb ist. Die Kinder sind erwachsen geworden oder besuchen weiterführende Schulen im Umland. Als die Schüler noch auf der Insel ihrem Unterricht nachgingen, hornte jedes Hurtigrutenschiff, das vorbei fuhr, und die Kinder winkten. Auch das norwegische Königspaar war hier schon zu Gast, als die Hoheiten 2008 die Region Helgeland besuchten. Fast alle Einwohner der gesamten Kommune, zu der Selsøyvik gehört, ließen es sich damals nicht nehmen, das Königspaar mit Musik und allem gebührenden Tamtam ihre Aufwartung zu machen.

Kurz hinter dem entzückenden Inselchen fahren wir am Polarkreis vorbei. Durch den Umweg zeigt er sich aus einer etwas anderen Perspektive als üblich. Das immer noch saftige Grün der Polarkreisinsel Vikingen hebt sich heute in kontrastreichem Farbenspiel zum grauen Himmel ab. Nicht immer muss es der blaue Himmel für stimmungsvolle Fotos sein. Auch meine Gäste sind fasziniert von der spätsommerlichen Atmosphäre. In Zeiten vor Corona stünde jetzt die Polarkreiszeremonie an, bei der den Gästen der schmackhafte Lebertran serviert wird. In den letzten Tagen wurde bereits diskutiert, wie die Veranstaltung coronakonform durchzuführen sei. Heute morgen wurde entschieden. Kein Lebertran, die Zeremonie fällt aus. Solche Entscheidungen werden in den nächsten Monaten wohl noch öfter vorkommen.

Auch am Reisehimmel ziehen bereits wieder neue Coronawolken auf. Der Reiserat hat der norwegischen Regierung nahe gelegt, auch Kopenhagen vom Goldstatus auf „Rot" zu setzen. Es wird also schon wieder brenzlig. Ich hoffe auch für meinen Kollegen, der mich übermorgen auf der MS Nordlys ablöst, dass er von dieser hübschen, kleinen Änderung nicht betroffen ist, denn auch er wird über Kopenhagen von Deutschland nach Norwegen fliegen. Und selbst, wenn er morgen noch problemlos einreisen kann, bleibt die Frage, ob das auch seine Gruppe übermorgen noch kann. Wenig später gibt es allerdings in dieser Hinsicht Entwarnung. Bis übermorgen um 24 Uhr darf über Kopenhagen nach Norwegen eingereist werden. Wieder frage ich mich, wie das in Zukunft aussehen soll, wenn Länder ständig neu bewertet werden, um die Infektionen möglichst dem eigenen Land fern zu halten. Außerdem kann man ja nicht jeden Gast mehrfach umbuchen, denn für ausgeprägtes Airline-Hopping steht nicht nur der aktuelle Flugplan im Weg, der noch lange nicht auf dem Niveau von vor Corona operiert, sondern auch die finanzielle Last des ständigen Umbuchens, das für kaum einen Reiseveranstalter dauerhaft durchzuhalten ist.

Mit der ausnahmslos schönen Landschaft der Helgelandküste, versuche ich mich von den trüben Gedanken abzulenken. Norwegens Küste verändert sich in dieser Region, je weiter wir wieder nach Süden vordringen, und wechselt von schrofferen und höheren Berggipfeln zu einer faszinierenden Schärenlandschaft. Einst war die Region Helgeland ein eigenständiges Königreich und zwar bevor Norwegen christianisiert wurde. Bis in die 1950er Jahre keimte sogar immer wieder die Idee auf, die Region von der Provinz Nordland abzuspalten und Helgeland einen eigenen Provinzstatus zu erteilen. Das Vorhaben wurde jedoch schlussendlich nicht umgesetzt.

Am Abend bittet das Restaurant zum Farewell-Dinner. Sogar die Offiziere sind da, den Großteil der Reise achtete man darauf, dass sie so wenig wie möglich mit den Gästen zusammentreffen, der Ansteckungsvermeidung wegen. Vorbei ist die Zeit, in der auch die Passagiere gelegentlich mit dem Kapitän plaudern konnten. Es kommen hoffentlich wieder bessere Zeiten. Aber auch wenn die Offiziere heute im Restaurant aufmarschiert sind, um wie üblich mit den Gästen auf die fast vergangene Tour anzustoßen, ist die Stimmung bedrückend. Nicht, weil es uns an guter Laune mangelt, sondern weil das Restaurant beim Farewell-Dinner heute so leer ist, wie ich es noch nie erlebt habe.

Als wir vor zehn Tagen in Bergen abfuhren, zählte das System 128 Gäste, jetzt sind es noch fünfzig! Die meisten Norweger sind irgendwo an der Strecke endgültig ausgestiegen, da sie fast immer die Distanzreise bevorzugen, die in der Regel nur ein paar Häfen umfasst. Nur der Anteil der Touristen ist noch an Bord, eben die Passagiere, die auf dem Schiff sind, um Urlaub zu machen und die Hurtigruten nicht als Küstenverkehrsmittel benutzen wie die norwegische Bevölkerung. Zwar sind die ausländischen Gäste im Vergleich zu Ende Juli mehr geworden, aber für ein profitables Geschäft reicht das noch nicht. Morgen in Trondheim werden noch einmal mehr als zwanzig Gäste aussteigen. Unser Kapitän ist bei seiner kleinen Rede den Tränen nah, hat er doch noch nie vor einem dermaßen leeren

Restaurant sprechen müssen. Trotzdem versuchen alle in hoffnungsvoller Stimmung zu bleiben. Es ist wie ein Hilfeschrei. Wir prosten uns zu, stoßen an auf eine baldige Reaktivierung der Normalität, verbunden mit der unbändigen Hoffnung, dass unsere Jobs erhalten bleiben mögen und wir das, was wir mit Herzblut hier auf den Schiffen machen, den Gästen eine tolle Reise zu bescheren, weiterführen können.

Als wolle auch der Himmel uns trösten, dürfen wir an diesem Abend in Rørvik einmal mehr einen atemberaubenden Sonnenuntergang erleben. Hier treffen wir auch die nordwärts fahrende MS Trollfjord, die wir schon von weitem heran schwimmen sehen. Als sie unter der Nærøysund-Brücke hindurch fährt, leuchtet die ganze Landschaft rot- und magentafarben. Wir beneiden die Passagiere, die am Heck der Trollfjord stehen und die gesamte Tour noch vor sich haben. An sich ist das ja immer so, da die Reise eben so schnell vorbei geht, aber heute scheint es fast, als wollten wir den Moment festhalten und uns einfach dem gesamten Weltgeschehen entziehen.

MS Nordlys, 18. August 2020

Das Schiff ist wie leer gefegt. Weniger Gäste als Crew, wann ist das zum letzten Mal vorgekommen. Ich kann mich nicht erinnern. Als die staatlichen Subventionen noch deutlich höher waren, kam es gerade im Winter öfter mal vor, dass die Schiffe mit nur wenigen Passagieren von Hafen zu Hafen fuhren, aber seit die Reederei das Marketing ordentlich angekurbelt hat, sind die Reisen ganzjährig gut gebucht. Die Verbesserung der Buchungslage war auch dringend notwendig, da die staatlichen Subventionen weitestgehend zurückgefahren wurden und nur noch für den Versorgungsauftrag bestimmt sind, den die Schiffe erfüllen. Ein fast leeres Schiff im August, der eigentlichen Hochsaison, ist ein denkwürdiger Moment im Jahr 2020.

Ich schaue beim Ablegen zu als wir Trondheim verlassen. Der letzte volle Bordtag läuft. Bei bestem Spätsommerwetter relaxen die Gäste im Liegestuhl und lassen sich von den immer noch warmen Sonnenstrahlen verwöhnen. Ich mache noch einmal kräftig Werbung für den Ausflug zur Atlantikstraße am Nachmittag, denn wir bewegen uns noch weit unter der Mindestteilnehmerzahl. Wen wundert es bei dreißig Gästen an Bord. Wenigstens zehn Teilnehmer brauchen wir, auch das ist eigentlich zu wenig, aber wir versuchen so viele Ausflüge wie möglich auch unter Mindestteilnehmerzahl stattfinden zu lassen. Nur gibt es eben auch da eine absolute Untergrenze. Tatsächlich entscheiden sich noch zwei Gäste meiner Gruppe für den Ausflug. Wie sich später herausstellen wird, haben sie zauberhafte Landschaft in fabelhafter Lichtstimmung erlebt.

Nach Kristiansund steuern wir Molde an. Um den Aufenthalt noch einmal auszukosten drehen wir auch hier noch eine Runde. Außergewöhnlich viele Norweger stehen am Kai. Sie holen weitere Passagiere ab, die hier endgültig aussteigen. Ich befürchte, dass ich die letzte Nacht allein mit meinen Gästen auf dem Schiff verbringe. Aber noch zwölf weitere Gäste bleiben. Nach der Abfahrt gehe ich noch einmal an Deck, bevor ich mich ans Koffer packen mache. Auch meine Gruppe ist draußen und genießt die Abendstimmung. Wir gleiten vorbei am Seilet Hotel, in dem nicht nur unser Schiff sich spiegelt, sondern auch der rotgefärbte Abendhimmel. Die Gipfel der Romsdalsalpen glühen in den letzten Sonnenstrahlen.

Mit einem Mal sind wir alle melancholisch. Natürlich hat jeder von uns in den letzten Tagen die Nachrichten gelesen über wieder steigende Infektionszahlen in allen europäischen Ländern und wir alle können uns ausrechnen, dass das wirtschaftlich so nicht lange weitergehen kann. Nicht nur ich mache mir Sorgen um meinen Job, sondern auch meine Gäste um ihr Berufsleben. Die Tour war eine Atempause auch für meine Gruppe im Sorgenozean zu Coronazeiten. Jetzt holt auch sie angesichts der Meldungen der letzten Tage das Gedanken-karussell wieder ein. Und auch wer von meinen Gästen selbst schon Rente bezieht, hat Kinder und Enkel, um deren Zukunft man sich sorgt. Wir beschließen, diese negativen Gedanken von uns wegzuschieben und hoffen ein weiteres Mal auf ein Wunder.

MS Nordlys, 19. August 2020

Der letzte Bordtag ist angebrochen. Eigentlich ist es ja nur noch ein halber. Nach dem Frühstück machen wir es uns auf Deck vier bequem. Die Platzsuche entfällt bei so wenigen Gästen. Auch das ist eine völlig neue Erfahrung. Die ganze Tour war es bereits unproblematisch Abstand zu halten, aber heute kann sich jeder von uns über mehrere Sessel, Stühle und Bänke ausbreiten.

Wenig später checke ich meine Gäste für die Flüge ein, so wie ich das immer am Tag vor dem Abflug mache. Heute einen Tag später als üblich, denn auch nach dieser Tour müssen alle Gäste eine zusätzliche Nacht in Bergen verbringen. Es geht kein Flug mehr nach Deutschland, nachdem wir in Bergen anlegen. Die Airlines haben sich für das Online-Einchecken in Coronazeiten etwas Neues ausgedacht. Die Buchungscodes allein reichen nun nicht mehr. Jeder der Gäste muss nun antanzen, um eigenhändig anzuklicken, dass er mit dem Tragen einer Alltagsmaske auf dem Flug einverstanden ist und dass er sich weder krank fühlt, noch wissentlich in den letzten vierzehn Tagen mit Covid-Patienten zusammen getroffen ist. Bei nur acht Gästen ein schnelles

Unterfangen, aber selbst wenn die Gruppen wieder grösser werden, sollte das zu den kleineren Übeln gehören.

Für eine abschließende Plauderei schaue ich noch einmal beim Expeditionsteam vorbei und wir unterhalten uns einmal mehr über die kommende Tour. Auch Österreich ist nun wieder für die quarantänefreie Einreise gesperrt, somit fallen noch mehr Gäste für die Abfahrt heute in Bergen weg. Auch Deutschland arbeitet sich zügig zur 20er Marke vor, die Zahl, die wieder alles auf Anfang setzt. Mit Galgenhumor versichern wir uns gegenseitig, dass wir uns wohl im Januar auf irgendeinem Königskrabben- kutter wiedertreffen, um dort unseren Lebensunterhalt zu verdienen.

Als wir in Bergen anlegen, stehe ich wie immer draußen, da ich wie jedes Mal zusammen mit dem Expeditionsteam vor den Gästen von Bord gehe. Und auf einmal werde ich wehmütig und kann die Tränen ein paarmal kaum zurückhalten. Werde ich im Oktober planmäßig für meine nächste Tour wieder kommen? Oder ist es ein längerer Abschied. Der Gedanke ist mir nahezu unerträglich. Was, wenn auch die Deutschen bald nicht mehr einreisen dürfen, ohne erst zehn Tage in Quarantäne verbringen zu müssen. Dann sind automatisch wieder alle Gruppenreisen obsolet. So darf es nicht enden. Wo wir doch gerade erst wieder hoffnungsvoll angefangen haben. Im Terminal steht wie immer die Ablösung bereit, die meisten Crewmitglieder fahren aber eine weitere Tour, denn die Nordlys ist gerade zwölf Tage zurück im Dienst. Ich sammele meine Gruppe zusammen und wir steigen in unseren Transferbus, der uns zu unserem Hotel bringt. Vier weitere Schiffsgäste übernachten ebenfalls dort, aber heute gibt es keinen Hotelbus für die Allgemeinheit. Dass wir mit neun Personen in einem großen Reisebus kutschiert werden, ist geradezu grotesk. In einem kleineren können wir aber den vorgeschriebenen Abstand nicht einhalten. Bevor die vier Gäste außerhalb meiner Gruppe auf Kosten von Hurtigruten mit zwei Taxis zum Hotel fahren, entscheide ich kurzerhand, die zwei Ehepaare in unserem Transfer mitzunehmen. Ob sie ihren Voucher beim Taxifahrer oder bei mir einlösen, ist letztendlich egal. Und so entstehen der Reederei wenigstens keine Extra-Ausgaben, auch wenn das ein Kostentropfen auf den heißen Stein ist.

Im Hotel angekommen, werde ich gleich freudig von der Rezeption begrüßt, auch beim letzten mal habe ich mit meinen Gästen hier übernachtet, aber jetzt bringe ich statt zwei Personen gleich acht mit. Die kleinste positive Entwicklung lässt jeden im Tourismus mittlerweile in Freudentaumel ausbrechen. Wir alle stellen schnell unser Gepäck auf dem Zimmer ab und dann zieht es uns in die Stadt. Bergen im Sonnenschein, das muss ausgenutzt werden.

Auch ich genieße meinen freien Nachmittag mit einer kleinen Stadtwanderung. Zunächst will ich aber zum Kreuzfahrtterminal um die MS Fridtjof Nansen zu besuchen, die sich nach Absage aller Sondertouren jetzt wieder in Bergen befindet. Das Schiff liegt am Kreuzfahrtterminal und leider ist es mir nicht gestattet, es zu betreten. Nicht nur wegen der Corona-Pandemie, sondern generell. Ich bin es ja gewohnt, dass ich bei den Hurtigrutenschiffen, die an der norwegischen Küste verkehren, stets nach Lust und Laune rein spazieren kann, aber bei den Expeditionsschiffen ist das anders. Hier bedarf es einer entsprechenden Anmeldung, aber selbst das führt nicht zwangsläufig zu einer Besichtigungsgenehmigung. Immerhin von außen aber kann ich sie sehen. Und auch das tut schon reichlich weh. Nach der Absage der Vertriebstour im März wurde vor einige Zeit ja auch die Grönlandreise abgesagt, zu der ich in drei Tagen mit der „Fridtjof Nansen" gestartet wäre. Es soll wohl nicht sein dieses Jahr. Wahrscheinlich sind die Gäste, die die Tour gebucht hatten, nicht minder enttäuscht.

Nachdem ich zahlreiche Fotos gemacht habe, gehe ich zurück Richtung Hanseviertel, vorbei an der MS Kong Harald, die bereits nach Bergen gefahren ist und für ihre erste Fahrt in gut einer Woche vorbereitet wird. Ich werde im Herbst ebenfalls noch eine Tour mit ihr absolvieren. Zumindest denke ich das da noch. Im Hanseviertel schaue ich nur kurz vorbei, vor drei Wochen habe ich mich dort schon länger aufgehalten, deshalb will ich mich heute mehr auf die anderen Sehenswürdigkeiten konzentrieren. Also gehe ich zum Musikpavillon im Stadtpark, der immer noch prächtig mit Blumen geschmückt ist, bevor er vor dem Winter wieder seiner Pflanzenpracht beraubt wird. Auf einer Bank sitzend beobachte ich die Menschen, die vorbei gehen und die Kinder, die auf dem Rasen herumtollen. Geschäftiges Treiben herrscht hier. Alles wirkt so normal, so vollkommen entspannt und macht gar nicht den Eindruck, als befänden wir uns in einer Pandemie.

Nach einer Weile gehe ich weiter zu den Code-Museen und der Grieghalle. Wie schön es ist, einmal durch die Stadt zu laufen, ohne Touristen die Sehenswürdigkeiten zu erklären. Freizeit eben. Auch in den wunderbaren, engen Gassen der Stadt verweile ich diesmal ungewöhnlich lange. Es ist fast wie ein Abschiedsbesuch. Kurz vor 18 Uhr bin ich wieder am Hurtigrutenterminal und warte auf meinen Kollegen, der heute mit seiner Gruppe aus Oslo mit der Bergenbahn angereist ist. Lange haben wir uns nicht gesehen und für ihn ist es die erste Tour nach dem Lockdown. Als er aus dem Bus steigt, der die Gruppe zum Terminal gebracht hat, möchten wir uns am liebsten umarmen. Nein! Herrgott nochmal, wir können doch nicht bis in alle Ewigkeit ohne jeden Körperkontakt weiterleben. Natürlich beherrschen wir uns. Nachdem mein Kollege seine Gruppe eingecheckt hat, die Bordkarten verteilt und die Screening-Bögen ausgefüllt sind, haben wir Zeit für einen ausgiebigen Plausch, während die Gäste schon mal das Schiff stürmen. Wie gerne würde ich gleich wieder mitfahren. Natürlich sprechen wir über das allumfassende Thema, das seit Monaten immer mehr unser Leben bestimmt. Und selbst, wenn man davon abweicht, kommt man immer wieder darauf zurück, zu groß ist der Einschnitt in unseren beruflichen und privaten Alltag. Nach gut einer Stunde verabschieden wir uns, mein Kollege geht an Bord und ich werfe einen letzten Blick auf die MS Nordlys, als ich wieder in die Innenstadt abbiege. Die Befürchtung, dass es wirklich der letzte Blick für lange Zeit auf ein Hurtigrutenschiff ist, wird in wenigen Tagen Gewissheit.

Bergen, 20. August 2020

Frühstück mit Blick aufs Hanseviertel. Ich stelle fest, dass außer meinen Hurtigrutengästen etliche Städte-Tour-Touristen ebenfalls in unserem Hotel abgestiegen sind. Auch Niederländer sind dabei, die wahrscheinlich noch vor den neuen Reglementierungen eingereist sind. Ich spreche auch hier mit ein paar deutschen Touristen, die nach der Grenzöffnung sofort ihre Reisepläne in die Tat umgesetzt haben und mehrere Wochen mit dem Wohnmobil quer durch Norwegen unterwegs waren. Genau wie ich, sind sie froh, dass reisen wieder möglich ist, auch wenn es mit Einschränkungen verbunden ist. Die Einhaltung der Hygiene-Regeln empfinden auch sie als keinen nennenswerten

Mangel. Mich motiviert das, da es mir zeigt, dass Menschen nach wie vor reisen wollen und auch durchaus bereit sind, ihren Beitrag gegen die Infektionsausbreitung zu leisten. Auch im Urlaub. Ich denke mir insgeheim, dass es eben wirklich keinen Unterschied macht, wo man sich verhält, sondern wie man sich verhält.

Am späten Vormittag bringt uns unser Transferbus zum Flughafen. Deutlich voller ist es hier geworden im Vergleich zur letzten Tour, aber der Betrieb ist immer noch kein Vergleich zu der Zeit vor Corona. Immerhin haben aber wieder mehr Geschäfte und Restaurants geöffnet, wenn auch noch nicht alle. Auch die Corona-Teststation ist eingerichtet für Rückkehrer aus Risiko-Gebieten, so wie sie in vielen Ländern in diesen Tagen an den Flughäfen eröffnet wurden, auch in Deutschland. Der Flugplan wird Stück um Stück erweitert, die Zeit, wo der Tagesflugplan auf nur einen Monitor passte, ist erstmal vorbei. Auch KLM will Anfang September wieder den 17:30 Uhr Flug nach Amsterdam reaktivieren, so dass die ausländischen Touristen nach ihrer Hurtigruten-Tour dann wieder unmittelbar nach Hause fliegen können, nachdem sie mit dem Schiff in Bergen angelegt haben.

Wie immer verstreut sich meine Gruppe mit dem Rückflug in alle Himmelsrichtungen. Alle sind froh, die Reise angetreten zu haben und alle versichern, dass sie zu keiner Zeit Angst vor Ansteckung hatten. Ich selbst habe jetzt sechs Wochen

Tourpause, da meine Grönlandreise abgesagt ist, die bis in den September gereicht hätte. Erst im Oktober werde ich daher wieder mit einer Gruppe auf einem Hurtigrutenschiff sein. Wenn alles so bleibt!

August bis Oktober - die Hoffnung schwindet

August 2020

Bereits in der letzten August-Dekade zieht auch Deutschland die Reisebestimmungen wieder an. Im Moment betrifft das vor allem Spanien und Frankreich, wo die Infektionszahlen wieder rasant zu steigen beginnen. Auch für andere europäische Regionen wird erneut eine Reisewarnung ausgesprochen. Die glühenden Kohlen, auf denen wir im Tourismus seit März im Dauerzustand sitzen, werden erneut heißer. So richtig sind wir nicht wieder in so etwas wie einen Normalzustand gekommen, höchstens in einen niedrigeren Sorgenpegel, aber mit der Zeit ist man ja mit den kleinsten Dingen zufrieden und feiert sie wie Meilensteine der Wiederauferstehung. Was mir Sorgen macht ist, dass auch in Deutschland die Infektionszahlen weiter steigern und mittlerweile kratzt der Wert mit 19,8 an der magischen Zahl zwanzig.

Am 26. August findet eine weitere Pressekonferenz der norwegischen Regierung statt. Der Reiserat empfiehlt, Deutschland ab dem 29. August von „Gold" auf „Rot" zu setzen. Ich habe es befürchtet. In der Vergangenheit ist die Regierung der Empfehlung des Reiserates stets gefolgt und ich gehe davon aus, dass dies auch jetzt der Fall sein wird. Einen Tag sind wir im

Schwebezustand, bangen schon wieder um den Fortbestand des Reisens und hoffen trotzdem, dass wir noch einmal haarscharf an der nächsten Katastrophe vorbei schlittern. Wir tun es nicht. Deutschland wird rot. Nach vier Wochen zurück im Job ist wieder alles vorbei!

Ein weiterer Kollege hat in dieser Hinsicht gerade noch Glück, denn er startet in diesen Tagen mit einer Gruppe und der MS Trollfjord in Bergen. Wer vor dem 29. August noch einreist, darf die gesamte Tour fahren, denn es gilt für die Bestimmungen nur das Ankunftsdatum in Norwegen. Da auch Kopenhagen jetzt rot ist, mussten bei seiner Tour noch einmal alle Gäste auf andere Flüge umgebucht werden, so dass sie in keinem Transitland umsteigen müssen. Meinem Kollegen macht allerdings das Schiff einen Strich durch die Rechnung. Tagelang liegt die Trollfjord mit technischen Problemen in Harstad. So etwas kann immer wieder vorkommen und in normalen Zeiten wird die Reederei mit diesen Dingen gut fertig, aber jetzt scheint eins zum anderen zu kommen. Durch den enormen Zeitverlust, soll die Reise diesmal in Trondheim beginnen. Nach weiteren Verzögerungen kann allerdings auch dieser Plan nicht umgesetzt werden. Die Tour wird storniert und mein Kollege muss samt seinen Gästen zurück nach Deutschland fliegen. Ich glaube, die ganze Welt hat sich gegen den Tourismus verschworen.

In der Nacht vom 28. auf den 29. August trinke ich um 0:00 Uhr ein Glas Sekt. Die Grenzen von Deutschland nach Norwegen sind wieder geschlossen, oder zumindest mit Quarantänefolgen behaftet. Mir ist allerdings weniger zum anstoßen zumute, als vielmehr dazu, die neue Zwangspause in Sekt zu ertränken!

September 2020

Kaum ist die Quarantäneregelung in Kraft, teilt mir auch Hurtigruten Hamburg mit, dass zunächst wieder alle Gruppenreisen ausgesetzt werden, bis es bessere Nachrichten in punkto Einreisebestimmungen gibt. Das war zu erwarten. Insgesamt geht es aufwärts, allerdings in eine Richtung, die dem Tourismus nicht förderlich ist. Frankreich und Spanien setzen sich an die Wachstumsspitze der Neuinfektionen. Bitte, es kann doch nicht jetzt schon wieder losgehen. Ich hoffe, dass die anderen Länder in dieser Hinsicht nicht nachziehen und tatsächlich dümpelt Deutschland weiter an der 20er-Marke herum. Ich schicke ein Stoßgebet zum Himmel, dass sich das bald wieder unter zwanzig bewegt. Und tatsächlich, am Ende der ersten Septemberwoche spricht der Reiserat eine Empfehlung an die norwegische Regierung aus. Oder zumindest teilt er mit, dass er eventuell eine Empfehlung aussprechen wird. Wer wird sich denn mit Spitzfindigkeiten aufhalten. Für drei Länder soll in einigen Tagen wieder die Grenze geöffnet werden, darunter ist Deutschland. Ich wage nicht zu hoffen, dass das erneute Einreiseverbot nur eine solch kurze Episode war.

Die Hoffnung wird ein paar Tage später begraben, denn jetzt ziehen auch in Deutschland die Infektionen an. Aus der Traum. Somit ist die Sorge um die Existenz zurück. Es dauert nicht lange bis Hurtigruten bekannt gibt, dass die Schiffe nicht wie geplant zurück in den Dienst kommen. Nach und nach sollte ja die gesamte Flotte an die norwegische Küste zurückkehren. Nach den stetig wieder steigenden Infektionszahlen in ganz Europa sind nun alle Länder von der neuen Einreiseregelung betroffen, aus denen die Hurtigrutenpassagiere für gewöhnlich kommen. Die Möglichkeit, ausländische Gäste aufzunehmen, ist verbaut. Mein Schiff für meine nächste Tour wird zwar weiter die Küste befahren, aber das nutzt mir herzlich wenig, wenn meine Gruppengäste nur nach zehntägiger Quarantäne das Schiff betreten dürfen. Auch für diejenigen, die noch einmal mit den Schiffen fahren wollten, die im Januar 2021 aus dem Liniendienst gehen, ist das bitter. Wo andere Passagiere noch die Umbuchung auf nächstes Jahr wahrnehmen können, ist der erneute Stopp des Betriebes der Todesstoß für diejenigen, die sich auf die letzte, mögliche Tour mit ihrem Lieblingsschiff gefreut haben. Besonders für die MS Lofoten, die „Alte Dame", ist das ein denkbar schlechter Abgang, den sich keiner gewünscht hat. Das nostalgische Schiff ist seit 1964 im Dienst an der norwegischen Küste und hat seit jeher seine ganz eigene

Fangemeinde. Auch ich zähle seit Jahren zu den Fans. Aus der Reaktivierung, die für September geplant war, wird nun nichts, und ich befürchte, dass es dabei bleiben wird.

Die Sorgen gehen nun aufs Gemüt und ich bete, dass meine Novembertour stattfinden wird. Noch immer zerrt die finanzielle Unterversorgung meines Firmenkontos so an den Nerven, dass ich kaum noch eine Nacht schlafen kann, ohne mich hin und her zu wälzen und mir Gedanken zu machen, woher ich noch meine Lebenshaltungskosten nehmen soll. Ebenfalls die Corona-Hilfen der Bundesregierung kommen kaum bei kleinen Unternehmen an und helfen nicht über diese einkommenslose Zeit. Die aktualisierte Einteilungsliste für 2021 aus Hamburg, die uns Reiseleitern aufzeigt, auf welchen Touren wir eingesetzt werden, reißt mich zusätzlich herunter. Zwar bin ich mittlerweile für mehr Touren eingeteilt als noch vor ein paar Wochen, aber das erste Quartal des Jahres wird für mich ein tourfreies sein. Wie soll das nur weitergehen. Das, was mich wirklich umtreibt, ist die anhaltende Planungsunsicherheit. Natürlich hat man als Selbständiger immer eine gewisse Unsicherheit in der Auftragslage, aber diese absolute Unberechenbarkeit ist fast nicht mehr auszuhalten und treibt einen auf Dauer in die Depression. Was, wenn im Jahr 2021 wieder Touren ausfallen, wo man mit denen, die man sicher glaubt, bereits am finanziellen Limit operiert. Was, wenn Hurtigruten an sich die Segel streichen muss. Eine unerträgliche Situation. So unerträglich, dass es alles lähmt, vor allem die Kreativität, um den verzweifelten Versuch zu unternehmen irgendwo, mit irgendetwas Geld zu verdienen.

Was mir außerdem zunehmend Sorgen macht, ist die Spaltung der Gesellschaft, die das Virus bewirkt hat. Vor allen Dingen in Deutschland nehme ich das wahr. Ich bin weit entfernt davon, hier eine intensive politische Bewertung der Gesamtsituation vorzunehmen, aber so ganz kommt man am politischen Geschehen eben nicht vorbei. Bislang gehörte auch ich zu den Befürwortern der AHA-Regeln, und ich bin es nach wie vor. Trotzdem beginne ich das ein oder andere kritisch zu hinterfragen, nicht weil ich mir einbilde in den Status eines Virologen eingetreten zu sein, sondern weil ich gesunden Menschenverstand habe und nicht grundsätzlich alles hinzunehmen pflege. Das ist eine Eigenschaft, die man als Selbständige stets aufrecht erhalten sollte um langfristig zu bestehen. Seit geraumer Zeit scheint es aber nur noch zwei Lager zu geben: diejenigen, die jede Anweisung der Regierung klaglos ohne wenn und aber hinnehmen und jene, die das Virus für nicht existent erklären. Für Meinungen dazwischen bleibt kaum noch Raum und nur wenn ich zaghaft andeute, dass ich der Meinung bin, dass Gesundheit und Wirtschaft in einem engen Zusammenhang stehen, werde nicht nur ich, sondern auch die, die ebenfalls dieser Meinung sind, unverzüglich den Corona-Leugnern zugeschrieben. Die mangelnde sachliche

Diskussionsbereitschaft, nicht nur in der Bevölkerung, sondern auch in der Politik, treibt mich zunehmend um. Sicherlich lässt sich die Situation leichter aussitzen, wenn man sich in monetärer Sicherheit befindet, aber als Selbständige hat man auf viele Dinge eine andere Sichtweise und letztendlich ist man daran interessiert, zu überleben. Nur zu überleben.

Wer montags nicht weiß, wovon er dienstags existieren soll, trägt irgendwann auch psychische Schäden davon. Dabei geht es nicht darum, sich temporär ein wenig einzuschränken, sondern darum, überhaupt für den nächste Tag eine warme Mahlzeit auf den Tisch zu bringen, denn selbst dafür reichen die Mittel jetzt oft nicht mehr. Umso schlimmer schmerzt es, wenn Menschen, die nach wie vor kaum Einbußen in Gehalt und Finanzen haben, unseren Branchen vorwerfen, zu früh in die Reaktivierung zu wollen. Bis zu diesem Augenblick versacken die Coronahilfen für viele kleine Unternehmen weitgehend im Nirgendwo. Nicht weil sie sorglos damit umgehen, sondern weil sie erst gar nicht dort ankommen, wo die Not so groß ist, wie niemals zuvor.

Nicht nur in Deutschland, sondern auch in Norwegen werden manche Branchen als nicht systemrelevant definiert, dazu gehört der Tourismus. Als Selbständiger ist die unbedingte Voraussetzung, kaufmännisches Denken und Weitsicht zu entwickeln, sonst kann man gleich wieder einpacken und ist spätestens nach einem Jahr vom Markt verschwunden. Natürlich behauptet keiner, dass politische Entscheidungen in diesen Zeiten leicht zu treffen sind. Aber ganze Branchen mit Perspektivlosigkeit ihrem Schicksal zu überlassen, ja sogar zu ignorieren, bringt die Gesellschaft in ihrer Gesamtheit nicht voran. Ich hoffe inständig, dass die Welt zu einer größeren Diskussionsbereitschaft zurückkehrt.

Oktober 2020

Die Welt klammert sich an einen Impfstoff gegen dieses elende Virus und ich muss zunehmend den Kopf schütteln. Und wieder kommt mir das Denken als Selbständige in die Quere. Ein Impfstoff ist ja schön und gut, aber ich finde es sehr mutig, wenn nicht grob fahrlässig, jegliches Handeln auf einen Impfstoff auszurichten. Alles auf eine Karte setzen. Kann funktionieren, aber meiner Erfahrung nach funktioniert das meistens nicht. Es ist dann eben einfach Glück, wenn das Ganze zum Ziel führt. Daran wäre nichts auszusetzen, ginge es nicht um so viele Existenzen. Nochmal: ich bin weit davon entfernt, die Wirtschaft über die Gesundheit zu stellen. Aber die Gesundheit ohne Rücksicht auf Verluste über die Wirtschaft zu stellen, wiegt uns in der scheinbaren Sicherheit, dass dann schon alles wieder gut wird, wenn nur das Virus besiegt ist. Ein funktionierendes Gesundheitssystem braucht aber nicht nur eine sorgfältige Abwägung in Pandemiezeiten, sondern auch ein

Mindestmaß an Beitragszahlern nach der Pandemie und das nicht zu berücksichtigen, halte ich für eine gefährliche Gratwanderung. In diesem Monat steigen überall die Infektionszahlen, natürlich ist das erschreckend und ich wünsche mir, dass jeder sich an die AHA-Regeln hält, aber diese Vorstellung ist mindestens genauso illusorisch wie der Gedanke, dass das Ping-Pong spielen zwischen Lockdown und Lockerungen mittel- und langfristig etlichen Branchen eine Perspektive an die Hand gibt.

In Norwegen ist es in diesen Tagen ähnlich wie in Deutschland. Alle paar Tage werden Partys aufgelöst, weil Menschen denken, dass das Virus nun unter ferner liefen abgehakt werden kann. Leute reißt Euch zusammen. Die AHA-Regeln tun nun wirklich nicht weh. Und liebe Politik: reagiert dort, wo die Cluster entstehen, und bestraft nicht diejenigen, die sich vorbildlich um Infektionsvermeidung bemühen. In diesem Monat wird dieses Vorgehen zunehmend absurder. Das gipfelt im Oktober in Deutschland in einem Beherbergungsverbot selbst für innerdeutsche Touristen, obwohl es zahlreiche Studien darüber gibt, dass Hotels keine übermäßige Ansteckungsgefahr bergen. Selbst im internationalen Tourismus wurde genau untersucht, welche Urlaubsrückkehrer das Virus wieder verstärkt ins Heimatland eingeschleppt haben. Und dazu zählt nicht die Gesamtheit der europäischen Länder, sondern eine geringe Zahl einzelner Regionen. Mit vielen Menschen diskutiere ich in diesen Tagen gerade über das Thema „Urlaub machen in Corona-

Zeiten". Viele sind der Meinung, dass man doch nun mal ein Jahr auf Urlaub verzichten könne. Sicher kann man das. Als Urlauber. Als Tourismusunternehmen kann man nicht ein Jahr auf jeden Umsatz verzichten, vor allem nicht, wenn man bei allen staatlichen Hilfen durchs Raster fällt. Davon, dass diese völlig einseitig verteilten Hilfen auch irgendwann jemand refinanzieren muss, will ich gar nicht reden. Auch hier kommen wir nicht umhin den Mittelweg zu finden und mit diesem Virus zu co-existieren lernen. Und immer wieder sage ich, dass es beim Urlaub machen nicht davon abhängt, wo man sich verhält, sondern wie man sich verhält. Es dauert nicht lange und die Beherbergungsverbote werden von den Gerichten wieder gekippt, denn die betroffenen Branchen wehren sich zunehmend gegen Maßnahmen, deren Logik sich ihnen nicht erschließt.

Ende des Monats sind die meisten europäischen Länder wieder auf einem Höchststand der täglichen Infektionen. In Norwegen allerdings steigen die Zahlen deutlich geringer. Die Politik setzt nach wie vor mehr auf Eigenverantwortung, versucht zu vermeiden Angst und Panik zu verbreiten, lässt aber die drohende Gefahr, dass auch in Norwegen die Zahlen wieder rasant steigen können, keinesfalls außer Acht. Wir werden sehen, wie sich das Ganze entwickeln wird.

Auch bei Hurtigruten gibt es Neuigkeiten, der Entwicklung der Pandemie geschuldet. Meine Oktoberreise ist längst gefallen und nun ist auch klar, dass weder meine Novemberreise, noch meine Dezembertour stattfinden wird. Vom anfänglichen Plan, die gesamte Flotte wieder in den Dienst zu bringen, ist nichts übrig geblieben. Nein, der Betrieb wird sogar weiter reduziert. Ab Ende Oktober werden erneut nur zwei Schiffe zwischen Bodø und Kirkenes verkehren, die die Versorgung der nord- norwegischen Bevölkerung in abgespeckter Form gewährleisten. Auch das schafft neuen Diskussionsstoff. Auf der einen Seite ist es natürlich nachvollziehbar, dass der Betrieb zwischen Bergen und Kirkenes mit vier Schiffen oder gar der gesamten Flotte nicht aufrecht erhalten werden kann, wenn es keine Passagiere gibt. Auf der anderen Seite braucht gerade die nordnorwegische Bevölkerung die Versorgung durch Hurtigruten, denn das Winterhalbjahr liegt vor uns. Nicht selten sind Straßen dann gesperrt und Medikamente und andere wichtige Güter können auf dem Landweg nicht transportiert werden. Gerade bei Medikamenten kann es unzumutbar und auch gefährlich werden, wenn Patienten bestimmte Medikamente dringend brauchen, aber die Lieferkette abreißt. Auch Nordnorwegen per Flugzeug zu versorgen ist im Winter mitunter schwierig. Zwar gibt es genügend Flughäfen auch in den nördlichen Regionen, aber die Wetterbedingungen machen die Versorgung aus der Luft nicht selten unmöglich. Auch hier wird mir einmal mehr bewusst, wie verwoben die Wirtschaft ist. Ein feinmaschiges Netz von Abhängigkeiten, das ganz schnell erhebliche Löcher aufweisen kann.

In der letzten Oktoberwoche keimt in Deutschland wieder die Diskussion über deutlich strengere Maßnahmen auf. Die Infektionszahlen sind drastisch gestiegen. Das ist natürlich besorgniserregend, aber die zunehmende Hilflosigkeit der Politik und die damit angeordneten Einschränkungen treibt auch die Spaltung der Gesellschaft voran. Allerdings hat sich die Position der einzelnen Lager verändert. Denjenigen, die befinden, dass man dem Virus nur entschieden entgegen treten kann, wenn man die Welt für Jahre schlafen legt, treten immer mehr die entgegen, die sich für einen rationalen Umgang mit der Pandemie aussprechen. Auch ich bemerke zunehmend, dass ich nicht mehr bereit bin, in diesem absurden Zirkus mitzuspielen. Die AHA-Regeln und das Beschränken privater Kontakte sind Maßnahmen, die sich logisch erschließen und daher durchaus einleuchtend sind. Jedoch ein Festival der angstgetriebenen Verordnungen, die da ansetzen, wo nachweislich kaum Infektionen stattfinden, treibt diejenigen, die über Monate gute Hygienekonzepte entwickelt haben, in einen Zustand, der psychisch kaum noch zu ertragen ist. Auch beim Tourismus ist das so.

Sicher bedarf es in dieser Hinsicht eines komplexeren Bewertungsprozesses, denn um von einem Land ins andere zu reisen, muss ja gleich in mehreren Regionen eine entsprechend regulierte Handhabe stattfinden. Und die hat es ja nun nachweislich gegeben, wie ich im Juli und August selbst erleben konnte. Aber der unterschwellige Vorwurf, der Tourismus – und mit ihm noch weitere Branchen - gehöre nun wirklich zum Überflüssigsten überhaupt und sei die Quelle aller Ansteckung, bringt mich in einen Zustand dauerhafter Wut. Nicht der überwiegende Teil der Touristen macht rauschorientierten Urlaub. Wer im eigenen Land alles zur Ansteckungsvermeidung tut, wird das auch im Ausland nicht außer Acht lassen. Man kann es nicht oft genug sagen! Mir wird geradezu schwindelig, wenn ich bedenke, welche Entwicklung sich nach einem weiteren Lockdown – ob er nun light oder wellenbrecherisch zu nennen ist – abzeichnen wird: wer ernsthaft denkt, dass dann alles wieder gut sei, hat die Rechnung ohne diejenigen gemacht, die sich auch dann nicht an die Regeln halten werden, wenn die Maßnahmen wieder gelockert werden. Dass so eine Vorgehensweise, nämlich die zu bestrafen, die sich an Regeln und Hygienekonzepte halten und nicht dort anzusetzen, wo Menschen ungeachtet jeder Solidarität und Rücksicht das feiernde Ego weiterleben, langfristig nur in die Katastrophe führen kann, ist allein mit Menschenverstand zu erfassen.

Norwegen macht es in diesen Tagen zumindest noch besser. In meiner Wahlheimat Oslo muss man ebenfalls wieder mit Beschränkungen leben. Das Tragen von Alltagsmasken galt hier bis jetzt als Empfehlung und wurde Ende Oktober zur Verpflichtung in öffentlichen Verkehrsmitteln, öffentlichen Gebäuden und Geschäften. Private Zusammenkünfte wurden auf zehn Personen, die nicht zum eigenen Haushalt gehören, pro Woche begrenzt. Obwohl die Zahlen weit unter denen liegen, die sich im übrigen Europa feststellen lassen, will man in Norwegen so früh eingreifen, dass die Wirtschaft nicht erneut in Mitleidenschaft gezogen wird. Natürlich gibt es auch hier die Gruppe derjenigen, die von Solidarität noch nie gehört haben, aber doch stelle ich fest, dass eine Bevölkerung einen deutlich größeren Anreiz hat, eine Krise mitzutragen, wenn sie sich nicht in jeder Hinsicht allein gelassen fühlt und sich Einschränkungen nicht logisch erschließen. Ich hoffe, dass sich dieser Duktus in Norwegen bewahrt.

Am 28. Oktober gibt die deutsche Regierung bekannt, dass sie das Land in einen zweiten Lockdown schickt. Ich bin nicht nur geschockt, sondern auch wütend. Nicht über das Verhängen von Maßnahmen an sich zum Zwecke der Infektionsreduktion, sondern vielmehr darüber, dass diese Maßnahmen jedweder Abwägung entbehren. Branchen, in denen nachweislich Hygienekonzepte existieren und die Ansteckung kaum gefördert wird, werden empathielos geopfert. Und selbst wenn ein Lockdown zur Senkung der berühmten Zahlen führt, lässt sich eine Gesamtbewältigung der Pandemie wohl kaum ohne „Nach-dem-Lockdown"-Konzept realisieren. Ich habe wenig Hoffnung, dass in ein paar Wochen konzeptionell möglich ist, was in acht Monaten versäumt wurde.

Ausblick

Als ich 2017 mein erstes Reiseleiter-Tagebuch schrieb, war es eine Zusammenstellung von elf Touren, auf denen teils Lustiges, teils weniger Lustiges passierte. Über allen Touren schwebte der Geist dieser fantastischen Reise von Bergen nach Kirkenes und zurück. Nichts hätte ich mir mehr gewünscht als dieses Buch mit einer Tour zu beenden. Es sollte nicht sein. Und auch wenn meine fünf Touren dieses Jahr zunächst unter der kommenden Bedrohung, dann unter neuen Bedingungen stattfanden und viel von der Unbeschwertheit der letzten Jahre eingebüßt haben, so hat sich eines nicht geändert. Nämlich, dass ich nach wie vor für diesen Job und für die Reederei Hurtigruten brenne. Vielleicht ist genau das der Grund, warum ich nicht bereit bin, einfach aufzugeben und das Sterben des Tourismus als gegeben hinzunehmen. Das kann es nicht sein. Nicht für mich, nicht für die Reederei, nicht für den Tourismus insgesamt und vor allem nicht für die vielen Menschen, die auf den Schiffen wunderschöne Momente erlebt haben und die letztendlich der Grund sind, dass ich und auch alle meine Kollegen unserem phantastischen Job nachgehen können.

Meine Hoffnung schwindet von Tag zu Tag, dass wir in absehbarer Zeit im Tourismus zu unserem Joballtag zurück finden. Ich hoffe daher inständig zwei Dinge: erstens, dass wir wieder mehr Rücksicht aufeinander nehmen und in unserem

Verhalten auch an diejenigen denken, die nicht nur gesundheitlich, sondern auch wirtschaftlich bis zur Verzweiflung, wenn nicht gar zur Vernichtung unter dieser Pandemie leiden. Zweitens, dass die vielen Regierungen der Welt sich von der augenblicklichen Praxis, sich von Angst und Panik leiten zu lassen, zurückfinden in einen Modus der Abwägung von Verhältnismäßigkeit und in den Status der Besonnenheit. Dann haben wir eine Chance nicht nur im Tourismus, sondern überhaupt zu überleben.

Trotz dieser schwindenden Hoffnung gebe ich aber den Gedanken - zumindest noch - nicht auf, dass wir uns 2021 auf einem der Hurtigrutenschiffe wiedersehen und das Reisen zu neuer Blüte kommt, nicht nur des Reisens wegen, sondern auch aus Gründen der so wichtigen Völkerverständigung! Denn Reisen trägt entscheidend dazu bei, andere Kulturen nicht nur besser zu verstehen, sondern auch das eigene Leben gänzlich zu bereichern!

Der Schriftsteller Francois Guizot schrieb einmal: „Die tägliche Erfahrung lehrt, dass diejenigen, welche viel reisen, an Urteilskraft gewinnen; dass die Gewohnheit, fremde Völker, Sitten und Gebräuche zu beobachten, den Kreis ihrer Ideen erweitert und sie von manchen Vorurteilen befreit".

Lasst uns dies für die Zukunft bewahren!